京都祇園祭／北觀音山宵山駒形提燈。

木場
木場小若
木場小若

大阪天神祭／どんどこ船小勇士。

帶動地方創生的「祭典」

重仁塾股份有限公司董事長　徐重仁

二〇一五年我到日本名古屋參加「よさこい（Yosakoi）真中祭」，那是一個結合傳統道具與現代舞步、鼓勵大家「一起來跳舞吧」的嘉年華會。這樣的活動從第一年僅二十六隊參加，到現在平均一年動員兩百多萬人共襄盛舉，不僅成功地讓在地民眾認同它的意義，使單純的團隊舞蹈延伸到與社區有所互動，也帶來可觀的經濟效益，更形塑了一個新的文化，帶動了「地方創生」。

當時我很好奇，究竟什麼是「よさこい」？原來這詞來自高知，在地方的方言中是「今晚一起來跳舞吧！」的意思。在過去，與高知縣緊鄰的德島縣有個家喻戶曉、高人氣的「阿波舞祭」，高知深感阿波舞祭為德島所帶來的群體凝聚力，於是在一九五四年時創造了「よさこい祭（夜來祭）」，用傳統的「鳴子（響板）」作為道具，配合活潑動感的現代舞步，成功地為高知縣注入一股新的活力。而這種融合傳統與現代的祭典也漸漸在日本遍地開花，現在從北海道到名古屋、三重縣津市等都可以看到這類的祭典活動，可謂相當成功。

若說到台灣的傳統祭典，我想最具代表性的莫過於「大甲媽祖繞境」。今年我參加大甲媽祖繞境，從彰化員林出發，共走了十三公里。在繞境過程中，我獲得了深刻的感動——看到來自台灣不同城市、不同身份地位的人們，在神明面前都一樣表現地謙卑虔誠，也因為大家擁有相同的「信仰」，而凝聚在一起。同時我也發現，在一出發就是動輒七八個小時的路程中，一路上不少學生孩童們穿著啦啦隊服裝或傳統服飾，陪伴信徒們前進，讓辛苦的繞境不再那麼沈悶；沿途也有許多攤販自掏腰包贊助食物、補給水，讓活動可以更圓滿充實。在那刻我又再度體悟到：擁有一個相同的信念，是多麼地珍貴及幸福！

無論是日本傳統的阿波舞祭，或現代的真中祭，或台灣的大甲媽祖繞境，都是透過一個有歷史情感堆疊的「祭典活動」，連結到「人與社會」，進而創造更深刻的「群體共同情感／記憶」，再擴展至「改變人們的生活型態」，可說是一種「地方創生」的形式。而我們都知道日本有非常多歷史悠久的傳統祭典（如睡魔祭、山笠祭等），卻鮮少人知道它們的典故原由。這次透過林承緯教授這本《信仰的開花：日本祭典導覽》的介紹，脈絡清楚的背景說明搭配豐富的照片，讓人彷彿身如其境，我想不僅能拓展大家的視野，必定也能讓人重新思考關於我們與歷史、與土地、與人們之間的連結關係。

日本祭典總覽大作

東京大學東洋文化研究所教授　菅豊

林承緯─日本の民俗学者のあいだで、彼の名を知らぬものはいない。日本の祭礼の季節になると、必ずどこかでその姿を見かける台湾人学者。猛暑の夏でも厳寒の冬でも、その慧眼で祭りを見つめる男。昨日、京都の祭りで彼の姿を見かけたかと思うと、今日は東京の祭りに彼がいたとの噂が届く…。神出鬼没、そして精力的という言葉がぴったりの気鋭の研究者。その彼が、ついに日本の祭りを総覧する大著を上梓した。日本の宗教信仰文化にかんする高度な学術研究と、長年継続してきた祭礼のフィールド研究を巧みに組み合わせた本書は、まさに日本祭礼研究の金字塔である。この良書が、いつの日か日本で翻訳出版されることを、心より期待したい。

林承緯──在日本民俗學者的圈子裡，應該沒有人不知道他的名字。每當日本進入到祭典的季節，這位台灣人學者，總是會出現在各地祭典現場。不論是熱暑，還是寒冬，這個男子用他的睿眼看見祭典。想說昨日才在京都的祭典現場看見他，今日就聽說他又出現在東京某處祭典現場，神出鬼沒，是位可用「精力充沛」一詞來形容的新銳研究者。他這次完成以日本祭典為題的總覽大作，內容結合了對日本宗教信仰文化高度的學術研究成果，以及長年持續累積的祭典調查所得，可說是日本祭典研究的經典力作。由衷期待這本好書有一天也能在日本翻譯出版。

京都祇園祭申遺推手力薦

京都市歴史資料館擔當係長　村上忠喜

❶林承緯先生は祭り好きだ。ただ好きなだけではないことが、この本を見ればすぐにわかる。

❷精力的なフィールドワーカー、林承緯先生渾身の日本民俗文化の紹介。日本人には思いつかない構成が新しい。

❸驚くべきことに掲載写真のほとんどが林先生自身の撮影という。フィールドワークを楽しむ著者の姿が頼もしい。

❶林承緯教授鍾愛祭典，但不只有單純的喜歡，各位讀了這本書就知道。

❷這是精力旺盛的田野調查者林承緯教授對日本民俗文化的渾身之作，對日本人來說也是難得的嶄新獨到作品。

❸令人更驚訝的是全書的照片幾乎都是林教授自己所拍攝，享受著田野調查的作者讓人更感到靠得住。

我推薦這本書

江戸川大學現代社會學科長・教授　阿南 透

本書を推薦します。

日本には、四季折々に多くの祭がある。その数は30万以上ともいわれるが、誰も正確な数を知らない。林先生はその中から、信仰を基盤とし、各時代の文化を取り入れた代表的な祭を選び、一冊の書物にまとめた。

選ばれた祭は、中世芸能を現代に受け継ぐ奈良のおん祭り、ユネスコ世界文化遺産「山・鉾・屋台の祭り」に指定された京都の祇園祭や福岡の博多山笠、愛知県の山車祭、近代に発展した神輿の祭、台湾を含め海外遠征も多い青森ねぶた祭、さらには十日戎や節分などの庶民的な信仰まで、目配りの効いた選択である。大阪大学で博士号を取得し、その後も日本民俗学会で定期的に発表を続けているだけあって、日本の祭についての林先生の知識は正確である。

林先生が自ら撮影した写真は、祭りの要点を的確に捉えているだけでなく、非常に美しい。民俗学だけでなく民藝美学も研究している林先生の感性が遺憾なく発揮されている。豪華絢爛たる祭の造形をじっくり味わっていただきたいものである。

四季の変化が豊かな日本では、祭は生活に重要な意味を持つ。日本の祭りの中から重要なものを選び、詳しく紹介した本書は、祭のガイドブックとして優れているだけでなく、祭を通して日本人の生活を、そして日本文化を知るための好著である。ぜひ多くの方にご一読いただき、日本の魅力を深く知っていただきたい。

日本伴隨著四季變化，擁有為數眾多的祭典，數量宣稱有三十萬以上，但沒有人能清楚算出有多少。林承緯教授從中以信仰為根基，嚴選各時期文化中具代表性的祭典，完成了這本著作。從中世藝能傳承延續至今的奈良春日若宮御祭、獲指定為聯合國教科文組織（UNESCO）世界文化遺產「山・鉾・屋台行事」的京都祇園祭、福岡博多山笠及愛知縣的山車祭典，以及近代發展的神輿祭典、常遠征海外也來過台灣的青森睡魔祭，還有十日戎、節分等庶民信仰的祭典展現，相當細膩周全的祭典選擇。林老師在取得大阪大學博士學位之後，仍定期往返日本民俗學會進行研究發表交流，對日本祭典擁有正確的知識。

林老師自己拍攝的照片，不僅充分掌握祭典的核心要件，還拍得很漂亮。他不僅專研民俗學，同時也研究民藝美學，林承緯老師的感性充分獲得發揮，讓我們得以細細品味祭典豪華絢爛的造型之美。

四季變化豐富的日本，祭典對生活來說相當重要，本書選擇日本祭典的精華，詳細加以介紹，它不僅是一本很好的導覽書籍，更是一本可透過祭典認識日本人生活及日本文化的良書。希望大家都能一讀，深入感受日本的魅力。

信仰開花NIPPON——祭典王國

請跟著我的腳步，來到祭典大國日本，踏上這趟繽紛的奇幻之旅。

走進祭典現場，那些過去只在歷史劇中才感受得到的景象、人物、器具、音樂，全部一一浮現在你我面前。不用跟小叮噹借用時光機，只要翻開這本書，民俗學者的祭典之眼，帶領大家跨越文化的隔閡、時代的分歧，探訪日本各地祭典的真實樣貌。如何維持祭典傳統的力量解析，民俗學式的巡歷、移動型的調查視野，引領讀者穿梭於日本、台灣的祭典文化遍路。

比起祭典各個細節片段的描述，這本書想先告訴你，這些外在表象背後的事情，包括日本祭典如何延續傳統、不分男女老幼為何熱衷參與，還有，祭典中為何人人總是笑容滿面，以及日本祭典的魅力何在。也因此，本書不急著拿國內的例子來比較比喻，例如日本這個祭典看起來好像跟國內某個祭典很像，或是

你看，人家日本京都的祇園祭都可以那麼優雅，道路兩旁還搭設了看台賣票成為觀光賣點，就是這麼做才能吸引國內外的觀光客，所以我們應參考祇園祭的模式來辦理祭典。

這樣的發想及對此的評論，在本書中是看不到的，請先好好認識一場祭典，體會每個祭典呈現的形與心。日本列島一年號稱有三十萬場的祭典，台灣各地天天也有上演不完的迎神廟會，不同文化背景、歷史脈絡、社會條件之下，祭典，絕對沒有誰好誰壞的道理。縱使筆者長年從事台灣與日本的民俗研究，也投身國家、地方民俗文化資產保存維護事務，但是我始終深信每一個祭典都有其獨到之處。只不過，「我們應參考祇園祭的模式來辦理祭典。」這段話，真實出現於數年前某縣市議員對官員的質詢。

京都祇園祭，讓多數人深感陌生的名詞，曾幾何時，在政府的議會殿堂登場，近年在各種文化創意、社區營造、節慶推動等場合上，祇園祭更屢屢宛如標竿般，成為有識之士們心目中理想的典範。就像過去以來每當提及藝術節，自然讓人聯想到法國亞維儂藝術節、英國愛丁堡藝術節，還有近年超人氣的日本瀨戶內藝術季這般的氣焰。祇園祭是什麼樣的一場祭典，祭典好在哪裡，有什麼特色，為何能傳承延續千年而不墜？諸如此類的疑問，卻多半在人們尚未有機會好好認識京都祇園祭之前，就先為出現於某螢光幕或書刊中的祇園祭山鉾巡行畫面所吸引——

那宛如王朝繪卷、浮世繪般的祇園祭景象，讓你一秒回到歷史上的古都。

本書不只要告訴你京都祇園祭，從號稱「日本三大祭」的京都祇園祭、大阪天神祭、東京神田祭為先鋒，透過民俗學者之眼採集的豐富寫真、民俗資料，傳遞信仰開花般的日本祭典。還有以傳承豪華絢爛的山車文化著稱，並與京都祇園祭一同入選為「UNESCO 無形文化遺產」的佐原大祭、博多祇園山笠、戸畑祇園大山笠等祭典。千百年來代代相傳延續的祭典文化，被日本政府指定為民俗文化財加以保護傳承延續的奈良春日御祭、青森睡魔祭、住吉祭夏越祓神事、北野天滿宮瑞饋祭、長田神社古式追儺式，以及在享有山車王國之稱的愛知縣境內傳承的山車祭典、熱田祭等內容，滿滿收錄於這本《信仰的開花：日本祭典導覽》。

祭典（まつり）是什麼，日本民俗學之父柳田國男說到

祭は本来国民に取って、特に高尚なる一つの消費生活であった。我々の生産活動はこれあるがために、単なる物資の営みに堕在することを免れたのであった。それが一つの収益中心と結びつくに至って、新たに生まれた問題は算え切れぬほどもある。

祭典對國民來說，可說是一種高尚的消費生活，我們的營生度日因為有祭典，得免於陷入單純的物質生活。這可算是祭典的一種成就，而它也衍生出很多新問題。

當你還在對民間祭典、廟會活動抱持某種刻板印象，請來看看以京都祇園祭為首的日本祭典，不僅像柳田國男所提示的祭典之於生活的重要性，祭典更受到日本人的喜愛。不論在鄉村或都會地帶，全民動員參與在地祭典，一直被視為理所當然的日常，這股對於祭典投注的情熱及正視的態度，讓祭典更被社會各界視為涵養文化傳統的珍貴寶庫。我們可以說，祭典，透過造型、色彩、聲音、行為所打造的非日常生活體驗，提供平日過慣朝九晚五平淡日常的人們一種定期性的機制；非日常性的祭典舉行，除了達成五穀豐穰、大漁追福、商賣繁盛、疫病退散、家內安全、豐樂萬民等祈願，更是一種釋放調節人們情緒、壓力的社會機制。這就是先進國家日本在具備高度現代化的環境之下，這些根植於各地傳統社會的祭典，得以千百年來至今仍可強韌蓬勃地傳承延續的道理。

本書，嚴選十多處具代表性的日本祭典現場，透過十一專章，四則專欄的構成，將日本祭典的全貌一一呈現出來，從日本三大祭的掌握入門，再讓各位瞧瞧春、夏、秋、冬四季代表性的祭典風貌，最後準備了一南一北令人血脈賁張的熱祭，一探博多男兒為何熱血沸騰奔馳於街頭，也少不了來談談蘋果之都青森的睡魔祭。當然，為了讓讀者能夠更貼近日本祭典的距離，民俗學者嚴選十多年來行走於日本列島調查採集的研究成果，打造兩篇概說日本人宗教信仰及日本祭典文化的極意書，只要一讀，絕對可讓你掌握祭典脈絡，晉升於日本祭典通。閱讀這本書，請打開你的五感，來體驗、來感受，文字、寫真、圖繪將帶領各位穿越時空，降臨到那場祭典現場。那些定格於寫真的畫面、氣味、聲音、溫度是真正認識真實日本的捷徑。祭典就是一部奇幻的時空轉換機，可帶領我們連結數百年的那一刻，那些數百年前打造而成的山車、神輿、獅子等祭典裝置，今日仍再現於你我眼前。讓我們進入到這本書中，彷彿讓大家穿越時空隔閡，雖然身處當下，透過祭典足以感受日本歷代的文化風貌。

信仰的開花

盛開於日本列島上的祭典之花

為我們準備好一趟又一趟的奇幻之旅

翻開下一頁

來趟日本穿越時空的旅行吧

掌握祭典

就了解日本

林 承緯

目錄

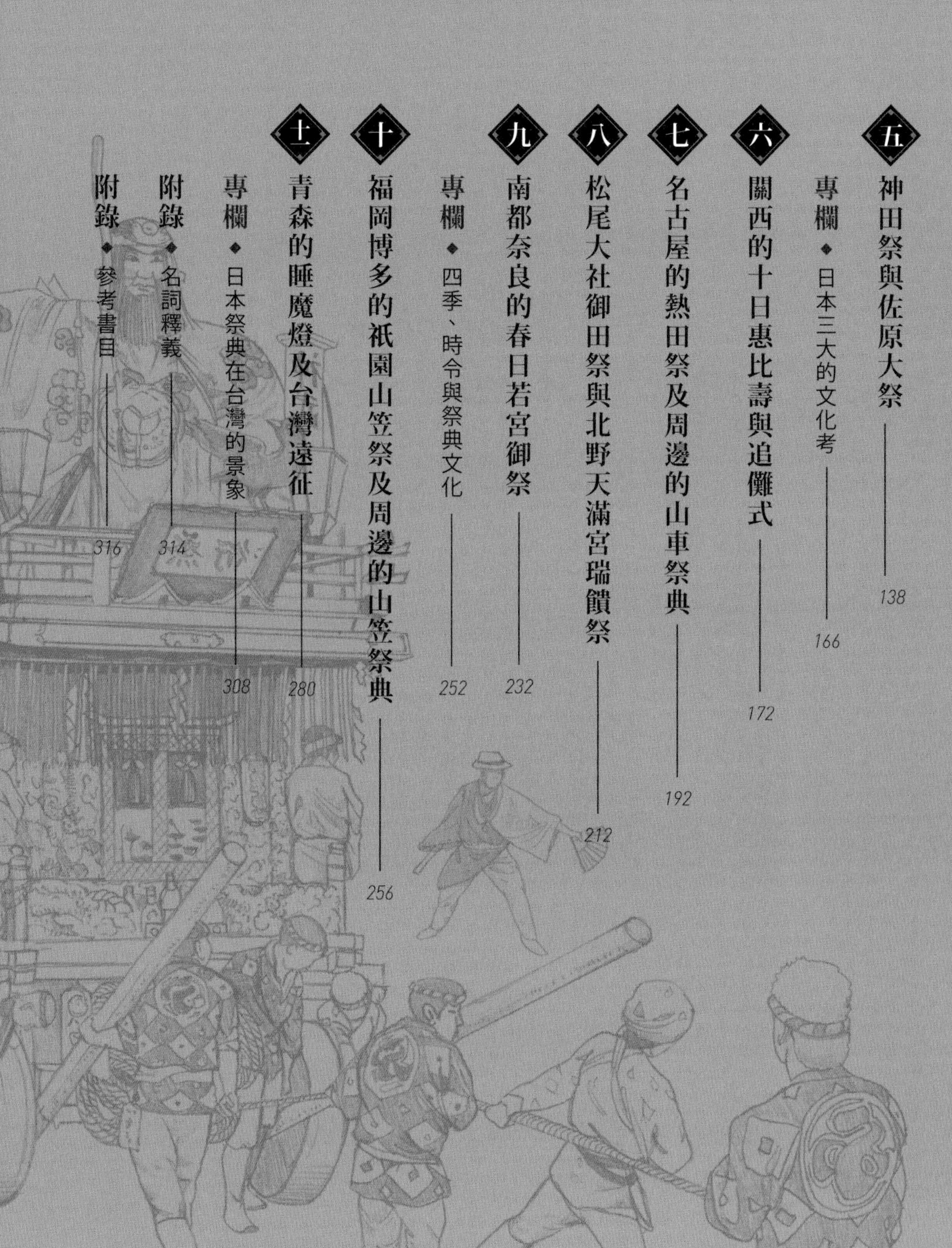

日本人的宗教信仰

一

KAMIHOTOKE

莊嚴神聖的神社本殿外陣景象。

既信神又拜佛，日本宗教信仰的多元面貌

當你走訪日本，神社與佛寺相信是大家必訪的景點，「The日本」的象徵之一。在日本列島上，不只寺院林立、神社多不勝數，甚至在路旁小徑也隨處可見各式各樣的石佛、小祠，數量比起宗教信仰發展也相當蓬勃的台灣，似乎有過之而無不及。究竟日本有多少神社、寺院及其他宗教設施，根據日本政府的最新統計（二〇一五年）顯示，具宗教法人身分的神道設施高達八萬五千三十九座、佛教也有七萬七千四百座，至於基督宗教有四千七百二十八座，各種其他宗教則有一萬四千四百七十八座。也就是說，日本列島上至少存在了十八萬座以上的宗教設施，相較於同期台灣的一萬五千四百二十二座寺廟教堂，更凸顯日本國內宗教信仰發展的景象。

若再透過信徒數目來看，根據日本宗教統計調查顯示，日本主要的宗教信徒人數分別為神道八千九百二十五萬、佛教八千八百七十一萬、基督宗教一百二十九萬及其他宗教八百七十一萬，共計有一億八千萬人。看到這項數據，不知大家似乎感到疑惑，日本總人口不是才一億二千萬，那多出來的六千萬人究竟從何而來。的確這項統計得出的信徒人數遠高於日本總人口，會出現這樣的情況，源自於日本人自古以來信神也拜佛的信仰傳統。是的，在日本神與佛是同居且彼此包容的，這點可從一般家庭中經常並存著神棚、佛龕的情況獲得印證。透過這些數據，大家可能容易想像多數的日本人都極度虔誠信仰著神

京都伏見稻荷大社的千本鳥居。

提供各式御守、神礼、繪馬、緣起物，為參拜者開運祈福求平安的神礼授予所。

佛，只不過，當你周遭有日本朋友，不妨問問他們是否有宗教信仰？你會發現，多數的人們都說自己不太信教，但每逢正月新年，一定起個大早，甚至在前夜看完紅白歌合戰後，全家總動員前往神社佛寺做新年參拜。當季節來到夏秋之交的盂蘭盆會，人們紛紛不辭辛勞返鄉，家人團聚以祭祀迎送祖先，到了入冬前哨，大家又常以互換禮物、裝扮鬼怪等方式來歡度耶誕、萬聖等基督教節日。

座落於荒郊野外的石佛。

日本土生土長的宗教—神道

神道是日本人常民生活所孕育的宗教信仰，自古以來不論藉由農耕、漁業或是山林墾作，日本人順應大自然的變化共營共生，自然之力時而如慈母呵護萬物生長、物產豐饒，有時卻如猛獸洪水般，帶給人們不可測的災難險境。日本人把這股存在於大自然，代代延續的生命力視為神的存在，將山岳、岩石、草木、川流等自然萬物理解為神的依附所在。神道從世人對自然萬物的尊崇敬畏，在神社建築成形，祭典儀式具象下，構成日本特有的民族宗教「神道」。其獨特的發展環境及信仰特徵，又與日本人的生活習慣、思考模式、價值觀感構成密不可分的關係。

東日本常見的双體道祖神。

鎮守之森 ◄

鎮守之森一詞，反映出神道信仰與大自然緊密依存的關係。御神體為神道祭祀的對象，一般以鏡、劍、玉、鉾等物為象徵。

神道的歷史

神道信仰起源甚早，不過發展成今日的樣貌大致要到六、七世紀前後。根植於氏族神話與常民生活中的神道信仰，為因應佛教傳入日本列島帶來的衝擊，進而在激發與外來宗教進行區隔的意識下，逐步建構出神道宗教的基本雛形。在歷經佛教、儒教、道教、陰陽道等各宗派思想及文化的洗禮交融，構成神道信仰完整的宗教內涵及其信仰面貌。發展歷程中，雖然受到佛教、儒教、道教等外來宗教的影響，但是神道始終以自然宗教的形態存在。本質上非屬創唱宗教的日本神道，缺乏明確地教主、教義、教典，相較其他側重於道德教化、佈道傳教的宗教組織，神道則是以祭典為核心的宗教信仰。透過祭典凝聚區域居民的向心力，達到社群間的和諧，氏子信徒代代守護鎮守之森的神社，其呈現的神道宗教觀

湖上焚上神事。

及信仰文化，透過祭典與民眾生活緊密結合。譬如年頭的初詣參拜、厄除祈願、年中二度的大祓潔淨、歲末的參拜等歲時祭儀。除此之外，乘載著人們生命週期的新生兒初宮參拜、七五三的兒童成長祝福、新人姻緣締結的神前結婚式，住宅空間起造的地鎮祭、上棟祭、家屋清祓，以及各式的生業運勢等祈禱，皆清楚體現神社與常民生活的關係。

作為神靈降臨依附的立砂。

▲◀ 恭敬隆重的神道祭祀儀禮，與充滿著人味的祭典風情，交織成日本獨特的祭典文化。

日本神道的宗教觀

基本上與臺灣民間信仰頗為相似，屬於多神崇拜的宗教類型，面對數以萬計的崇拜對象，神道以「八百萬的眾神（Yaoyorozu-No-Kami）」一詞作為統稱。在《古事記》、《日本書紀》二書之中，詳細描繪天地開創的日本神話起源，並將世界劃分成：高天原、蘆原中國、根之國、黃泉之國、常世之國等場域，為神道的眾神譜系與世界觀奠定基礎。其中，「天照大神」具至高無上的神格，不僅被視為日本皇室的祖先神，也是全日本國民的總氏神。在天照大神之下，有素盞嗚尊、大國主命、月讀命、日本武尊、大物主神等活躍於日本神話中的人物，分別依據各自的傳說屬性，擁有不同的執掌與能力，成為神道信仰中的重要祭神。除此之外，神道的祭祀對象還包括在《古語拾遺》、《延喜式》、《風土記》、《萬葉集》等古籍所登場的人物，各地神社所祭拜的地方鎮守氏神，還有分布於鄉野、山間、河邊、海岸的自然崇拜。這些神祇被供奉於日本列島各區域及角落，藉由信仰傳說的代代相傳，逐步地生根而茁壯。如民間耳熟能詳的八幡神、春日神、稻荷神、住吉神、山王神、天滿神、祇園天神、淺間神等信仰崇拜，無不循序此發展途徑成為各地居民的精神支柱。

夫婦岩▼

夫婦岩位在伊勢神宮近鄰的二見浦沿岸，是伊勢參拜重要的禊行淨身聖地及朝日遙拜之所。

靈力能量滿載的豐川稻荷靈狐場。

各司其職的眾神

若有機會深入了解神道百萬神的神格執掌，可發現在神道信仰中極少出現萬能或具絕對力量之神，也因此，在神祇譜系結構下，眾神各擁有不同的執掌及神格。例如天滿宮可祈求智慧提升考運，住吉大社祭神庇祐航海平安，出雲大社祭神大國主命掌管姻緣及土地開拓，稻荷神社祭神保佑五穀豐收與商業繁盛等。

另一方面，各神祇的司掌與神性，也會隨著神社傳承的典故或某些啟示，造就出各種不同的信仰屬性。位在京都嵐山一帶的松尾大社，據說當地的信仰根源最早可溯及到上古，在進到奈良時代以後，文武天皇敕令秦忌寸都理在松尾山腳下創建神社，供奉具山神、航海神屬性的大山咋神、中津島姬命二神，完成松尾大社的創社。

日後，因擅長釀酒的信徒秦氏以神社那口「龜之井」之水，造出

著名的神道聖地出雲大社。巨大的注連繩顯示大社不凡的社格地位。

美酒之下，造成松尾大社從原初的山神、航海神信仰，開始被賦予造酒、釀造之神的形象。甚至到了室町時代末葉，松尾大社祭神更享有日本第一造酒神的美譽。

除此之外，傳說源自秦始皇後裔的信徒秦氏，也將松尾大社供奉的神祇視為氏神而崇敬。這種融合了神道神祇與祖先崇拜的信仰型態，正反映出日本人獨特的靈魂觀。民俗學之父柳田國男在《先祖の話》一書中也曾提到，我們祖先的靈魂原本應該前往極樂世界，但因受到後世子孫的祭祀，所以將永留於國土閑寂之處，並定期往訪於家鄉之地。也就是說祖靈經祭祀成為祖先神，祂平時上山成為山神，待子孫耕作時再回到家鄉來協助，發揮田神的力量來賜福子孫，讓耕作豐收富饒。如此的靈魂觀在遭逢佛教傳入下的衝擊，建構出一套日本獨特的神佛關係。

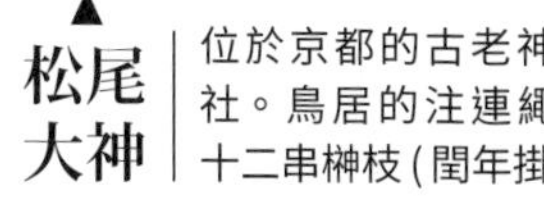

▲松尾大神　位於京都的古老神社松尾大社。鳥居的注連繩下，垂掛十二串榊枝(閏年掛十三串)。

外來宗教在日本生根開花——佛教

佛教從發源地印度歷經西域、中國、朝鮮等途徑，正式傳入日本是在西元六世紀。目前對佛教初傳日本的確切年代存在幾種不同之說，其中又以《日本書紀》紀載的欽明天皇十三年（五五二），百濟聖明王贈與欽明天皇佛像與經典的事蹟之說，以及根據《元興寺伽藍緣起》內容所示的宣化天皇三年（五三八）最為有力。

事實上，當佛教隨著佛像、經典、佛具傳播來到日本之前，發源於列島上的神道信仰早已十分發達。不過也由於當權者將異國之佛與自國之神同一視之，因而引發一連串的爭端，其中又以廢佛派的物

曹洞宗大本山總持寺佛殿內所供奉的金佛及莊嚴具。

部氏與崇佛派的蘇我氏之間的對立最為膠著。當時的貴族物部氏深信接受佛教將會觸怒眾神，故採取燒寺毀佛的激烈手段反對接受佛教，因而與主張接受佛教的蘇我氏嚴重對立。佛教歷經這段動盪陣痛期之後，在七世紀初葉，隨著聖德太子制定的十七條憲法逐漸穩固，佛教成為鎮護國家的一大宗教。

▲
佛教初傳時期以奈良、大阪等西國為據點，南都六宗、平安二宗成形。鎌倉時代隨著政權的東移，佛教也逐次入主東國。知名的佛教聖地成田山即為典型一例。

神佛習合

另一方面，佛教與日本當地信仰也開始融合，將眾神視為佛法的護法，反觀日本當地信仰也追隨此說，此後，神佛間相互混淆的「神佛習合」宗教型態日益普及。例如奈良東大寺大佛創立之初，即在寺院周邊設立手向山八幡宮，供奉從九州宇佐八幡宮分靈而來的八幡神，作為該寺的守護之神。這種神佛混淆的情形在平安時代（七九四－一一九二）更為盛行，不只神社境內興建原屬佛教宗教設施的護摩堂、本地堂，在社殿內也供奉起將神形象仿照佛像加以具象化的神像，甚至僧侶在神社內讀經的情形也不時可見。

神佛習合影響下的神社本殿樣貌。

八幡大神。

神前讀經的祭祀景象，流露出日本神佛習合的信仰觀。

日本佛教的興盛

日本佛教首度的盛期在奈良時代，聖武天皇集一國之力創建東大寺，鑄造高達十四、七公尺的銅造盧舍那佛（奈良大佛），讓作為國教的佛教地位更加穩固。同時，也以東大寺為首施行國分寺制度，在日本列島各地廣設國分寺，間接地讓佛教從中央普及到地方。這個時期的佛教，除了追求鎮護國家的功能，也盛行於佛典教義研究，構成南都六宗的學派，以華嚴宗、法相宗、律宗為代表。

西元七九四年，隨著桓武天皇遷都往京都，佛教的發展在祈求鎮護國家之外，透過祈禱、儀式達到去除疾病災難的密教系統，在最澄、空海遣唐歸國開創的天台宗與真言宗之下逐步盛行。不過，由於密教系統主要的信徒仍以貴族居多，廣大無法獲得密教儀式的常民大眾，唯有將脫離現實苦痛的

心願寄託於闡述往生西方淨土的淨土信仰。在如此的社會背景下，從平安時代末葉至鎌倉時代期間，淨土宗、淨土真宗、時宗等宗派紛紛成立。除此之外，主張自我修持救濟的禪宗，在榮西、道元分別渡海入宋取經學習之下，分別開創臨濟宗、曹洞宗兩大修禪宗派。同時期，由日蓮創立的重視今世大於來世的日蓮宗也誕生，日本佛教傳統宗派的基礎根基大致獲得確立。

鳳凰堂▼

創建於十一世紀，宛如展翅鳳凰之姿的平等院鳳凰堂，將鎌倉佛教的造型美感與信仰文化傳世至今。

深入庶民生活

日本人佛教信仰的傳承延續，在藉由各宗派布教師之手所帶來的佛殿供佛，或是法會燃香禮佛的宗教儀禮之外，在民間的庶民生活中還存在著另一種不同的信仰表現。石佛造立的基礎來自於當地融合神佛信仰下的庶民信仰，完成於庶民大眾之手的石佛，座落於道路、墓地、寺院內、山間、水邊等地，作為撫慰民眾心靈的苦惱與不安，表達內心祈求最忠實的守護。如此最貼近一般民眾的精神寄託，多數既非全然屬於佛教，也無法歸類為神道，其具有的強烈庶民性格，就像是路旁那座由無名石匠打造的地藏菩薩、觀音菩薩、不動明王、藥師如來，還是造型多樣的道祖神、庚申、山神、供養塔、板碑等投射日本人信仰心靈的造像，都呈現出日本人宗教信仰多元重層的樣貌。

◀ ▼

日本有豐富的石崇拜文化，石佛、石神甚至只是一塊自然石、積石，皆可被視為崇拜對象。在神社營建上，也可見石橋、石燈籠、石鳥居等用例。

石佛、石像是民眾心靈的寄託。

結界聖域的巨型注連繩。

與佛教有關的慶典

每年農曆的四月八日，全國各地的佛寺精舍紛紛以舉行浴佛慶典等形式，紀念佛教創始者佛祖釋迦牟尼佛的誕辰之日。關於佛陀實際的誕生日期，因不同的經典傳承或各國曆法間所產生的差異，呈現數種不同之說。在日本，將釋迦牟尼佛誕辰之日稱為「灌佛會」，亦可稱為「降誕會」、「浴佛會」、「龍華會」或「花祭」。

在佛教東傳日本不久的推古天皇十四年（西元六〇六）《日本書紀》內容中，即出現：「自是年初每寺，四月八日，七月十五日設齋」等文字，可謂佛誕慶典儀禮傳入日本最早的一項記錄。譬如今日的東大寺以延續千年以上的佛誕慶典傳統，陳設於大佛殿前以綠衫葉覆蓋，並搭配馬醉木、山茶花等花草營造出莊嚴氣氛的「花御堂」內，可見一尊呈現佛陀誕生時雙手分指天地造型的「誕生佛」，人們透過甘茶澆淋於誕生佛像，重現釋迦牟尼佛降臨世間時，天降九龍吐甘露水的景象。

一方面，這場灌佛會在日本民間亦有「花祭」之稱，因佛誕四月與日本列島櫻花盛開的季節相近，因此從淨土宗開始使用此別稱。事實上在灌佛會舉行的時節裡，日本各地來流傳另一種不同的花祭，自古以來逢「卯月八日」，也就是舊曆的四月初八，因正逢春暖花開萬物繁生之時，各地民眾往往會利用這個時節進行爬山郊遊，並摘取石楠花、杜鵑花、白花八角等花朵，插到長竹竿上擺飾於庭院或家門前。此俗在各地皆出現不同的傳承及解釋，如奈良地區將之稱為「天道花」，其他地區亦有「八日花」、「高花」之稱，與庶民信仰的釋迦樣、天道樣、月樣、山神崇拜有關，藉此祈求五穀豐收與無病習災。

神佛與日本人的關係，在造型文化、風俗行為等層次的表現上，更清楚呈現出那股兼容互通的日本人獨有的宗教信仰風貌，進而在這塊文化沃土之上，綻放出宛如一朵朵璀璨繽紛，充滿常民生命力的祭典之華。

二章

祭典與日本人

OMATSURI

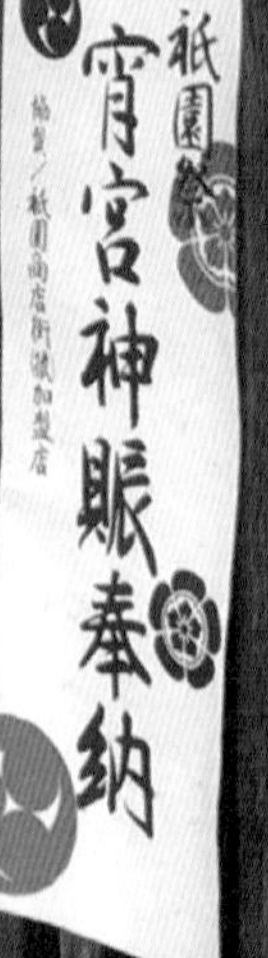

以獻酒奉燈來奉贊祭典。

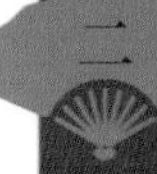

祭典：信仰與藝術的生動展現

談起祭典、儀式還是迎神賽會，相信立即浮現於腦海中的印象，不外乎是鑼鼓喧天的熱鬧聲響，還有那繽紛奪目的鮮豔色彩。相對於平時日常的樸實平淡，「逗熱鬧」、「吃拜拜」如此台灣在地語彙，生動反應出人們對祭典的期待。每逢祭典期間，陣頭隊伍總在常民大眾簇擁矚目之下，迤邐於街道巷弄間，一時之間整個城鎮被祭典氣氛渲染得熱鬧滾滾，伴隨著大鼓、北管、神將、龍獅、藝閣及神轎的到來，讓眾人的心隨之沸騰。相較於本性愛逗熱鬧、看廟會的台灣人，日本可說是世上另一個為祭典而瘋狂的民族，京都祇園祭、東京三社祭、奈良春日若宮御祭、青森睡魔祭、福岡祇園山笠等呈現東洋美感及文化魅力的祭典，早已是日本人調節日常情緒的一大饗宴。隨著近年來國人頻繁赴日旅遊觀光，相信大家對日本祭典已不再陌生，只不過對全日本擁有高達三十萬場祭典的數據，可能仍令人感到意外。

對於熱愛祭典的日本人來說，祭典不僅只是令人血脈賁張、雀躍不已的存在，更可將祭典視為珍貴的地方文化瑰寶，社會共同體力量的展現。那股日本人對信仰的崇敬及愛美的天性，更充分展現於祭典所呈現的造型、表徵，特別是順應四季時節及傳承文化節奏，反映出日本祭典千變萬化的魅力。

京都御香宮宵宮祭的花傘參宮。

由短冊、紙衣、折鶴等七項物件組成的七夕裝飾。

春祈・夏祓・秋報・冬迎新

在四季分明、季節推移下的日本列島，擁有令人稱羨的天然景緻，人們順應著自然生息運行，並與歲時節令及風土交織融合中，造就出豐富多樣的祭典活動。春天為大地甦醒、萬象更新的季節，祈求諸事如意、幸福滿載成為春季祭典主要的心願。當季節進入到炎暑夏季，為因應疾病易蔓延叢生的環境，因此舉行於夏天的祭典，經常以祈求疾病退散、無病息災為目的。秋季的祭典迴繞著對豐收的感謝，不過到了萬物凋零的冬季時分，迎接新年的祈安卻已提早呈現於祭典的心願之中。立足於日本列島的人們，隨著各季節的特質及內涵，營造出多采多姿的祭典風貌。

勇壯豪邁的播州秋祭屋台奉納。

笑容是祭典最美的表情。

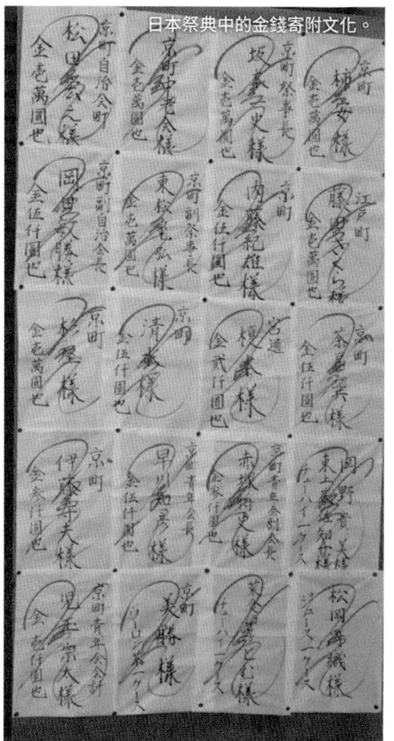
日本祭典中的金錢寄附文化。

▲

祭典對日本人而言，是強化人與人的連接、提升在地意識的重要機制。不論男女老少皆是在地的重要成員，人們的生活隨祭典而啟，在祭典結束後開始期待。

神道與祭典

由鳥居、手水舍、社殿等設施構成的神道信仰場域，鎮座於大自然的山林田野之中，平時寂靜的，不過進入祭典期間，神社一轉充滿著喧鬧的聲響與五顏六色且豐富的色彩及造型。

以宗教之姿存在於世的神道，大體自平安初期發足展開，在神佛習合的潮流與外來宗教的佛教帶來的衝擊挑戰下，逐步建構出神道獨特的建築樣式及祭典儀式。而後，神道歷經各時期不同的宗教、思想所影響，於歷史傳衍過程之中，產生不同的宗教型態與信仰表現，譬如近代以來出現的教派神道、國家神道。只不過在這樣的信仰發展過程中，對一般民眾而言，神道的教義、教理始終並非人們所熟悉的，反倒是神社例行的祭典活動，成為人們對神道宗教最深刻的印象。

教派神道與國家神道

明治維新以後，神道納入國家管理，神社裡的神官被禁止進行神道的布教活動，因此教派神道興起，代替神社向人民傳教，是為不附屬於國家、作為宗教獨立的神道。國家神道則是指二戰期間以天皇崇拜為中心的一種國家主義神道。

◀
以白色為基底的用色，向來是日本祭典帶給人們的第一印象，白色在日本，象徵心身以極度潔淨。不論是神輿成員穿著的法被衣飾，或是祭典的旗幟、飾紐，皆常採用無垢的白色。

日本人主要的宗教信仰是由神道信仰與外來的佛教為主體，特別是融合了大和民族精神文化及常民生活習慣所構成的神道信仰，經歷漫長的歷史傳衍，廣受日本列島風土、環境、文化、情緒的滋潤，以及外來宗教、文化元素的影響，孕育出獨特的宗教觀及信仰風貌，進而與日本人的生活習慣、思考模式、價值觀感構成密不可分的關係。的確傳承於日本列島上的大小祭典中，也可見來自於其他宗教信仰的例子，或是非宗教性質的各式祭典活動，不過基本上仍以神道信仰文化脈絡下的祭典居多。

也因此，祭典與神道的關係猶如水之於魚，在神道從原始信仰昇華為宗教的歷程中，從不定期的祈求神靈依附於自然草木的祭祀，演進到神社固定祭祀空間的出現，讓人與神之間的交流點獲得基本的確保，隨著祭祀場域性質的轉變，間接影響到祭祀型態及其模式。只不

過就神道的神靈觀來說，雖然固定的祭祀場所確立，所有天界神靈依舊隨著季節時間，往返於神、人兩界之間。這種認知即使隨著神社的誕生而有改變，但是神靈乃是無形、超能的觀念，仍根植於今日的神道信仰中。

所以，不論是上古或是今日，當神靈降臨現身於世，人們為了向敬畏的神靈表達敬意及傳達心願，便於這段期間舉行祭典，也就是日文所說的「祭（まつり，MATSURI）」。比起其他的宗教信仰，神道可說是以祭典為核心的一種宗教，まつり為日本人對於祭典的稱呼，漢字寫成「祭」，本書為貼近中文書寫閱讀的習慣，基本上使用「祭典」一詞來做說明。

▲ 今日在日本各地，仍可見不少維持原始
► 風貌的祭典。簡易的祭祀營設下，眾人在原始蒼鬱的森林中展開祭典。太鼓聲響下的獅子擺動，宛如進入神靈的世界。

祭典的內涵與分類

不論是伊勢神宮、出雲大社等社格崇高的神社，或是坐落於地方鄉里的鎮守小社，各自順應歲時及特殊事蹟源起所舉行的大小祭典，大致循序一定的基本形態。

神道本廳《神社祭祀規程》將祭典分成大祭、中祭、小祭三大類，所謂的大祭，可包含例祭、祈年祭、新嘗祭、式年祭、鎮座祭、遷座祭、合祀祭、分祀祭等祭典，其中，例祭、祈年祭、新嘗祭又有三大祭之稱，是神社年中最重要的宗教祭祀。中祭則有歲旦祭、元始祭、紀元祭、昭和祭、神嘗奉祝祭、明治祭、天長祭。至於小祭則含括大祭、中祭之外如節分祭、

修驗者進行柴燈大護摩儀式。

幽暗環境下神職肅穆進行神事祭儀。

除夜祭、月次祭、日供祭及年中春秋大祓祭等祭典為主，其他還有名為特殊神事的祭典。

各神社千百年傳承延續的祭典文化，隨著各祭神信仰屬性與當地特殊背景不同，各自流傳其特有的行事做法。只不過前述這些祭典多數舉行於社殿之內，參與者也僅限於少數的氏子總代及相關信徒，並非一般社會大眾能夠親近參與，有一些祭典更屬於秘儀不公開，甚至不可知。

伏見稻荷大社火焚祭。

例祭

那些讓人熱血沸騰的祭典又在哪裡，事實上在前述祭典中，就屬「例祭」的屬性最與眾不同。這場身為神社年中最盛大的一場宗教祭祀，舉行時間是以祭神相關節日或神社創建之日為依據，譬如本書介紹的熱田神宮熱田祭、住吉大社住吉祭、佐原大祭皆為典型的例祭。另一方面，各神社也會因各地特殊傳統而舉行名為「特殊神事」的祭典，這些祭典由於與當地社會緊密相連。特別是伴隨都市興起、商業發達等因素助長下，造就出祭典規模、表現的盛大華麗，祭典屬性也較為包容開放，像是京都祇園祭、大阪天神祭、東京神田祭都屬這一類型。

例祭又稱為例大祭、大祭、御祭或是本宮祭，祭典時程分成兩日，首日夜晚進行前夜祭（亦稱宵宮祭），次日為正式的例大祭。前夜祭的祭典內容可再細分為二，其

關西地區廣泛傳承的太鼓台祭典。

一為神社境內喧鬧充滿祭典氣氛的藝能奉納演出，以及搭設於神社外圍街道兩旁，也是祭典氣氛重要營造者的野台攤販，這是前夜祭給予一般大眾的印象。事實上，在黑夜壟罩的深夜、清晨時分，在社殿內正由神職恭敬嚴肅地進行祭典，只不過這些祭典保留了神道信仰重視的神秘性，因此經常被世人所忽略。例大祭當日的重頭戲為「神幸」儀式，也就是近似台灣民間常見的神轎出巡、迎神繞境的祭典型態。

前夜祭的神前景象。

祭典帶給人的愉悅感動，不分年齡性別。

柳田國男：祭典的兩種表現形態

民俗學之父柳田國男所著《日本の祭》，是第一本系統性探究日本祭典及民俗學的重要之作。書中指出祭典在於迎接神靈、備供品接待，進而獲得神靈庇佑的一連串過程，強調祭典參與是身為國民必要的人生體驗，也將祭典視為認識傳統理解過去的絕佳途徑。柳田國男針對日本祭典的結構內涵，理出神地、神屋、神態、神供、祭日等五大祭典要件之說，特別對「神態」也就是祭典的表現形式，再進一步提出「祭」與「祭禮」兩型態的論述。

傳承於廣島、島根一帶的石見神樂。

臨濟宗僧侶所進行的施餓鬼儀式。

「祭」一詞除了柳田國男所界定的宗教性質儀禮行事，在日本，「祭」還可以用於商業活動、學生活動與地區性文化活動，例如「阪急の感謝祭」、大學「學園祭」。

神聖莊嚴的祭

所謂的「祭」又稱為「神事」，泛指由神職主持為奉祀神靈所舉行的宗教性儀式，具高度神秘性及嚴肅感的祭典。雖然形式隨著信仰屬性及地方傳承有所差異，基本上「祭」的基本構造，可歸納出迎神、祀神、送神三階段。具體來說，首先舉行「精進潔齋」儀式，透過淨化儀式的進行與禁忌的遵從，以達到身心靈的潔淨。接著由神職進行迎神降臨之儀，確認神靈如期降臨於世，依附於常綠植物佈置而成的「神籬」，即備「神輿」將神靈迎回神社，準備豐富的佳餚獻祭神靈。在神靈來訪期間，信徒除了準備饗宴及獻禮，也會透過神樂、藝能、相撲以酬謝神恩。最終於祭典落幕時送神回天，期待祭典時節再來的神靈到訪。

熱鬧世俗的祭禮

相較於「祭」的神聖嚴肅氣氛，「祭禮」或稱「神賑行事」，所散發的是一般世俗熱鬧的祭典氛圍，如前所描述的各神社例大祭普遍的情形，也就是大家所熟悉的祭典模樣。柳田國男認為祭禮是伴隨都會文化所形成的祭典形貌，強調祭典表現的美感、華麗及參與者可獲得精神上的快樂愉悅。相較於僅限定於神職及部分信徒參與的「祭」，「祭禮」則包容多數只是來湊熱鬧看稀奇的外來觀光客們。其中，神輿渡御伴隨而來的各種巡行隊伍的組成及藝能演出的出現，可說是祭禮的一大特色。特別是祭典中所追求的風流意識，促使祭典中所見的造型表現相互較勁，讓一年比一年呈現於祭禮場面上的山車、神輿、裝束更為細緻細膩甚至是豪華絢爛。

將在本書中所登場的日本著名祭典，大多屬於「祭禮」的類型，雖然如此，各自在祭典文化的呈現與各式造型運用上，仍有相當大的差異存在。柳田國男認為祭禮最大的特徵，莫過於是幾乎都有神輿巡行的活動，稱為「神幸祭」或是「御輿渡御」。

神幸的巡行祭典普遍帶給人們的印象，不外乎是眾人身著整齊顯眼的祭典衣飾，動作劃一的隨著祭典口號抬動神輿。這支由地區居民與神職組成的「渡御行列」，大致是由先導猿田彥、提燈、獅子、山車、太鼓、雅樂、神職、稚兒、神輿等隊伍所構成。聲勢浩大的祭典行列從神社出發，繞行氏子信徒區域來到「御旅所」暫駐，接受信徒民眾的奉拜，最終隊伍一行返回神社，各式各樣的藝能、舞樂於社殿前進行奉納演出，喧天的祭典囃子聲夾雜著神輿抬行成員威武的口號聲，還有獅子舞輕快的樂曲節奏等交織相容下，營造出人神共歡的熱鬧氣息，這就是日本祭典帶給人的印象。

流傳於滋賀一帶的太鼓踊。

構成祭典的元素

擁有三十萬場次的祭典大國日本，至今於列島南北各地，依舊有眾多充滿生命力的祭典，在區域居民的努力延續下，不僅數量高達三十萬之多，各地的祭典盡力維繫傳統型態，並且更重視該如何傳承延續到下一代。

這些祭典內涵皆相當豐富，像是京都祇園祭的山鉾巡行傳統不僅被視為日本山車文化的原點，三若、四若、錦市場的神輿隊伍，更保有了豐富的神輿組織文化傳統。又如奈良春日御祭宛如日本藝能史的傳承母體，雅樂、太鼓發展的重要型態皆保留於這場祭典之中。在關東的佐原與九州的福岡，可溯

德島阿波舞展現的優雅舞姿。

桑名石取祭本樂神前奉納。

源到京都的山車文化傳承，各地儼然已構成另一種文化傳承，又像是過去曾經充滿了各式山車，今日演變以神輿為主體的東京神田祭，還有太鼓台、獅子舞等祭典元素滿載的大阪天神祭、京都瑞饋祭的祭典文化延續。

日本祭典文化在歷經千百年於地域風土及文化傳統的演變之下，特別在祭典表現的技與形上最具特色，其中又以山車、太鼓、祭囃子、獅子舞、神輿作為代表，可視為深入認識日本祭典文化不可或缺的要素。

大入道山車。

北九州的黑崎祇園山笠。

山車

在日本眾多祭典中，由人們拖曳著巨大且裝飾華麗的山車巡行於街道的畫面，似乎已成為日本祭典的一大象徵。特別是二〇一六年，日本政府綜合了全國三十三處具重要民俗文化財身分的山車祭典，以「山・鉾・屋台行事」之名入選聯合國教科文組織的無形文化遺產，讓日本的山車祭典一舉成為國內外世人的矚目焦點。

山車又稱為曳山、山鉾、鉾、山笠、祭車、地車或是屋台，是一座裝有輪子施以華麗裝飾的台車，山車上可乘坐著演奏祭典音樂囃子的成員、或是做為上演兒童歌舞伎的舞台，外觀與台灣民間的藝閣有些相似。

大阪一帶盛行的地車。

巡行於大雨中的船鉾。

山車一稱，源自山岳崇拜衍生的自然信仰，這樣的祭典裝置最早可溯及到平安時代大嘗祭的標山，高聳的台車外觀表現山岳形象，作為神靈降臨依附的「依代」標示。日後，山車在祭典中所發揮的功能，從初期被做為神靈象徵的宗教裝置，逐漸地隨著祭典內涵的轉變，促使在造型與外觀的表現日顯豐富而多樣。

根據山車研究權威植木行宣的調查研究顯示，日本各地大約有一千五百處傳承有山車祭典，這樣祭典文化的源頭為京都祇園祭的山鉾，由於山車這種祭典裝置的構成相當耗費財力人力，極盡華麗精雕細琢的山車製作，珍貴稀奇的山車裝置物的購買，還需要龐大的人力來拖曳山車動態巡行。

這些原因之下，今日所見的山車祭典的形成多半始於江戶時期前後，我們可以說山車型態的變遷與都市文化形成相關密切，山車象徵意義的轉變，從十四世紀京都祇園祭為送走疫病的避除災難的山鉾，隨著追求造型美等風雅品味的提升，導入雕刻、漆藝、金工、繪畫及染織等繁複多樣的工藝技術的山車製作，以及大型化、巨大化的發展趨勢，讓山車的型態大致完成於十五世紀的京都。

山車的演變與多元樣貌

山車成為一種都市繁榮下的產物，各地懷抱著對京都文化的憧憬，造就各地展開山車祭典及相關造型表現的形成。從山車的造型、裝飾、到山車巡行的祭典音樂囃子的發展，以及講求風流雅趣的藝能、歌舞甚至是行列的構成，都是山車造就出的祭典文化風格。從東北至九州所傳承的土崎神明社祭、八戸三社大祭、博多祇園山笠、戸畑祇園大山笠等巨型山笠，曾經活躍一時，號稱江戶天下祭的江戶型山車及延續至今的佐原大祭、川越祭、石岡祭。還有成為兒童歌舞伎演出舞台的長濱曳山，或像是名古屋周邊一帶擁有大量裝設操演機關人偶，拖曳巡行搭配做為前導的獅子舞、太鼓台等藝能演出，構成綜合性的祭典風貌。山車隨著宗教、地域風土與歷史的演變，展現多樣而豐富的面貌，而如此的宗教祭典裝置，也在與演劇、舞蹈與音樂相互搭配下，除了發揮莊嚴神聖、祈願、淨化等宗教性的功能，並成為涵養地方文化及傳統藝術的重要裝置。

麵包超人題材的博多祇園山笠。

以日本神話「天岩の戸」為題的山車。

獅子舞

獅子舞是由人持獅頭道具扮演獅子的一種民俗藝能，也就是你我所熟悉的舞獅，只不過日本獅子舞的獅頭造型與舞獅人數、表現形式與台灣、中國、東南亞有顯著的差異。

日本的獅子舞藝能傳統主要可分成一人扮演及兩人扮演的獅子舞，一人扮演的獅子舞，又稱為鹿踊，扮演獅子的演員會持太鼓、羯鼓敲打舞動，背後會裝置象徵神籬的裝置，主要分布於關東、東北一帶，演出型態從二頭獅子至十頭獅子皆有。在關東地區最常見的為三頭一組的演出，東北地區則盛行八頭一組的形式，又稱為風流系的獅子。

至於與台灣常見舞獅演出型態近似的兩人型態的獅子舞，傳承位置分布於全日本各地，演出人數雖然一般兩人，但是可以隨著獅子布幕大小而增加人數，甚至在富山縣一帶還有百足獅子。這種類型的獅子舞源頭來自於八世紀從西域經由大陸傳入的伎樂，故也被稱為伎樂系獅子。目前在奈良正倉院典藏有一面留下西元七五二年銘款的「師子」，也就是舞獅的獅子頭，這是日本現存最早的獅子舞資料。

典型的日本獅子頭。

獅子神樂◀

數百年來傳承於伊勢地區，具有祈求五穀豐穰、繁榮、無災、平和健康的獅子神樂。

獅子舞的起源與意義

日本民間深信獅子為具備除魔驅邪力量的靈獸，據說十六世紀初伊勢地區發生一場飢荒，當地民眾為了驅趕疫病便製作獅子頭，並於正月時節跳獅子舞以驅魔。日後這項以舞獅除魔的儀式開始向外地傳播普及，特別是當地的神樂師帶著獅子到處為民眾驅邪祈求無病息災，讓這項藝能在江戶初期從西日本急速普及到全國各地。

今日除了伊勢地區仍維持傳統的獅子舞、伊勢大神樂的藝能傳統，舉凡各地祭典活動之中，獅子舞皆擔扮演神幸祭巡行開路的角色，為沿途民眾咬頭象徵去除邪氣。獅子舞配合著笛、鼓構成的獅子囃子樂聲的舞動，或與天狗、素良、道化等神怪人物的共演，藉此驅除惡魔祈求五穀豐收、闔府平安。

四日市諏訪神社祭典的獅子舞。

祭囃子

音樂向來是祭典不可或缺的主角，早在《日本書紀》即有關於祭典中歌舞音樂的描述「伊弉冉尊生火神時，被灼而神退去矣，故葬於紀伊國熊野國熊野之有馬村焉，土俗祭此神之魂者，花時亦以花祭，又用鼓吹幡旗歌舞而祭矣。」除此之外在其他的神話傳說中，可散見擊樂可鎮魂，弦樂可招靈之說。

音樂在祭典中的呈現，順應著各時代社會潮流與時俱進之下，形式與種類變得相當的多元且複雜，目前在神社祭典中，大致會以大太鼓、締太鼓、羯鼓、鉦等節奏樂器為中心，配合篠笛、龍笛、笙、篳篥等吹奏樂器構成的神樂、雅樂來為神道儀式伴奏。

音樂具有「鎮魂」與「清淨」這兩大性質，若是在安定人的靈魂免於隨著遠離神靈而遭受到不幸的鎮魂祭，為給予靈魂十足的元氣來對付凶神，大致會採用太鼓、鉦等打擊樂器，呈現激烈、動感、熱鬧的氣息。另一方面，在洗淨罪穢為主的祭典中，主要使用雅樂、八雲琴等管弦樂器為主，呈現一股調和、端正、知性的氣氛。

節奏強勁的祭典音樂

相較於前述主要用於神道祭典儀式的音樂，廣泛用於祭禮方面的音樂，可稱為「祭囃子」，可說是各種祭典中所使用的音樂統稱，包含祈求農作豐收的田樂系神樂，或是像京都祇園祭山鉾上所演奏的祇園囃子、佐原大祭的佐原囃子等悠揚悅耳的祭典音樂，還是青森睡魔燈前導的囃子、大阪天神祭地

千葉東部的祭典囃子傳統。

京都祇園祭綾傘鉾演奏祇園囃子。

車囃子所演奏出的強勁威武樂曲，都讓這些祭典的魅力增色不少。

祭囃子的演奏相較於前者神樂、雅樂型態，主要以能舞台、神樂殿為主的作法，祭囃子除了於祭典場合作定點演出，一般多於山車巡行、獅子舞演出伴奏。除此之外，日本祭典中也相當重視祭典歌謠及祭典口號等人聲的表現，這點可歸咎於言靈信仰的影響，相信藉由言語中存在著神靈與特殊能量，因此於各種祭典之中相當重視聲音的表現，特別是在祭典儀式進行時不像天主教彌撒般的無伴奏表現形式，而是採行聲樂搭配部分伴奏樂器的調和表現。此外像是太鼓、鐘或笛這些樂器對神道而言，不只具有伴奏的音樂效果，其發出的聲響更具有祈雨、除蟲以及刺激植物生長的神秘力量。

太鼓

音樂的原點據說源自於史前人類不經意敲打木頭、樹洞，發現了各式各樣的聲響，進而在挖空的木頭上貼獸皮或使用植物纖維為弦，發展成今日樂器的雛形。隨著人類文明與技術的演進，樂器製作的技術、材料日趨多樣，只不過木頭依舊是樂器製作上主要的材料。

鼓或是日語的太鼓是人類最早製作的樂器之一，日本太鼓的起源根據考古發掘，大致可溯及到西元五世紀。在聖德太子的時代，太鼓被用來傳遞訊號，不久隨著大量的藝能從大陸傳來，也將為數可觀的太鼓文化帶到日本。

江戶型山車囃子。

太鼓的功能與特色

太鼓在日本人獨特的樣式美及音樂需求下，讓太鼓的造形與音色顯得更加洗練，太鼓具有的通天、降神及示意等功能，讓太鼓的運用與祭典構成密不可分的關係。或許可以說全日本的祭典會場上皆少不了一面太鼓，就神社而言，像是日常的昇殿祈禱、七五三等祭典，或是例大祭、祈年祭、遷座祭等不定期的重要祭典亦然。太鼓為神社祭典儀式進行的必備之物，最常見的以長胴型的大太鼓與鋲太鼓居多。

太鼓在祭禮型態祭典中的運用，又比神道祭典儀式來得多元豐富，除了作為祭囃子的演奏樂器，在山車巡行、獅子舞演出中來演出呈現，太鼓也能獨立以太鼓台、布團太鼓、御輿太鼓、太鼓山、太鼓台或像是古川祭起太鼓等型態演奏巡行，統稱為太鼓台。

這種以太鼓為核心的祭典裝置盛行於關西地區，特別又以瀨戶內海沿岸及大阪一帶最普及。太鼓台結構宛如一頂神輿的模樣，只不過裝置內部擺放一只太鼓，太鼓台上方多採用布質刺繡的鮮艷裝飾，四周還可見雕刻的台座與像是神輿般的抬行木桿。太鼓台內乘坐有數名鼓手，再由百位左右的太鼓台成員時而呼喊祭典口號，時而高唱各地傳承的祭典歌謠並搖晃抬行太鼓台。

諏訪太鼓。

各地太鼓演奏節奏多有差異，但不論何處舉行的祭典，太鼓聲就像祭典標誌般隨著敲擊將祭典訊息傳達四處，那宛如雷聲低沉震撼的響聲，被視為充滿靈力的一股力量。在四國地區，過去以來便舉行太鼓台祭典以招喚龍神降雨，太鼓聲可發揮祈雨、除蟲、豐作等功效的認知，讓太鼓類型的祭典或是祭典中太鼓使用的頻率更加頻繁。另一方面，太鼓響聲與雷聲相似的緣故，加上自古以來雷神形象始終與太鼓的連結，也造就出敲打如雷鼓聲來對天祈雨的習俗。

神輿

談起日本祭典，那整齊劃一的神輿隊伍，搭配著精神抖擻的呼喊聲，往往成為日本祭典帶給人們的第一印象。那座被眾人抬起時而猛烈搖晃、時而威武堂堂轟然前進的神輿，是供神祇乘坐移動的祭典裝置，又可稱為御輿。

神輿的性質與台灣民間常見的神轎相似，還可根據神輿屬性特徵，類分出神社神輿、宮神輿、町會神輿，大人神輿、兒童神輿、女神輿，萬燈神輿、太鼓神輿、樽神輿、瑞饋神輿等類型，造型宛如一座縮小版的神社社殿。

日本神輿在歷史上何時登場，這樣的問題至今仍難以精確回答，但是根據現存的史料可知，在西元七四九年東大寺大佛創建之際，宇佐八幡大神即乘坐聖武天皇的紫色輦輿回駕京都，這是目前可知最早關於日本神輿的資料。從八世紀中葉至今，神輿不僅活躍於日本各地祭典活動之中，神輿製作所需的技藝及日本神輿特有的造型樣式也成為日本獨特的一項文化特色。

豪華絢爛的神輿巡行。

神輿工藝之美

日本神輿多採木造再施以黑漆的傳統技術施作而成，看似尺寸不如一般建築體的神輿，施工上宛如興建一棟房屋般的繁瑣費工。每座神輿的製作，大約需要花費一年以上的時間，運用二十種以上傳統工藝技術，才足以完成一座完整的日本神輿。

譬如打造神輿木作、雕刻的木工藝、轎頂鳳凰、蕨手的金屬工藝、轎體表面塗裝的漆工藝以及金箔、銅板、編繩等材料的製作等，都是打造一座神輿不可或缺的技術。也因此，如今仍保留傳統工法、材料施作的日本神輿，可謂日本傳統工藝集大成之作。

神輿的轎頂除了最常見的四角之外，也可見六角、八角等不同樣態的形式，結構上分成三大部分，分別為屋頂（屋根）、轎身（胴）、基座（台輪）。常用材料有欅木、檜木、樫木、朴木，都是質地堅固及木紋優美的良材。

神輿為神幸祭不可或缺的要角。

現代神輿

今日常見的神輿造型大約在江戶時代才形成，造型上可分成江戶型神輿與京神輿兩大類，江戶型神輿的造型完全仿造神社社殿而做，因此在神輿四方不僅可見鳥居甚至狛犬，神輿四周也仿製神社的圍籬欄杆造型來製作，至於京神輿的轎頂常會披掛鮮豔紅的布幔，流露出濃厚的佛教氣息，此外，在鳳凰、蕨手等造型上也呈現差異。除此之外，各地隨著不同的文化背景甚至信仰元素，也呈現神輿造型多元多樣的表現。一座名匠巧手打造的神輿，當乘坐上不可視的神祇，在百人以上神輿會弟兄大陣仗猛力搖晃抬行，這座神輿的生命才真正開始。

日本各地神輿皆傳承各自不同的口號，如最常見的「ワッショイ、ワッショイ（Wasshoi！Wasshoi！）」與「セイヤ！セ

イヤ！(Seiya！Seiya！)」，還是京都神輿勇士們吶喊的「ホイット、ホイット（Hoitto！Hoitto！）」，熱情威武的祭典呼喊聲、拍手聲加上猛力晃動的神輿抬行，不只刺激神祇讓靈力更為活躍，想必也讓日本祭典文化更加魅力無限。

太鼓台▲

瀨戶內海沿岸及大阪地區常見的太鼓台，又名布團大鼓、太鼓神輿，是一種同時具備太鼓與神輿功能的祭典裝置。華麗精緻的造型極具特色。

台灣現存的日本宗教信仰遺跡

在台灣若與鳥居、狛犬，還有坐落於路旁小徑的日本石佛遭遇，已經不會是新聞。這些出自於日本神道、佛教的事物，早隨著十九、二十世紀日本統治台灣的緣故落腳於台灣各地。台灣是日本首度統治的海外殖民地，長達半世紀的日本時代，隨著治權的落實、人群流動、商業交流、宗教傳布等原因，日本文化對台灣社會產生全面性的影響，其中作為日本固有宗教的神道，伴隨著日本對台統治的腳步，大規模移植來台。不論是神社神道、國家神道、教派神道或是民俗信仰，神道信仰在日本統治期間，不僅宗教設施的神社廣泛建造於全台各地，神道的祭神、信仰、祭典等蘊含於神道的文化傳統亦隨之傳入。

同一時間，日本佛教也來到台灣，西元一八九五年（明治二八）九月，曹洞宗在台北龍山寺設立布教所，日本佛教在這五十年間，共計有曹洞宗、淨土宗、日蓮宗、真言宗高野派、天台宗、淨土真宗本願寺派、淨土真宗大谷派、臨濟宗妙心寺派等共計八宗十四派來台布教。佛教各宗派在台灣南北設置了寺院、布教所及相關設施，配合著各自的布教手法在這塊新領土上深根發展，也與台灣既有的明清佛教相互間產生影響。如今坐落於台北圓山一帶的臨濟護國禪寺，以及位在台北東門地區的東和禪寺，過去分別是臨濟宗妙心寺派、曹洞宗在台的別院，現今留下的本堂、鐘樓成為了市定古蹟，將這段日本佛教在台的記憶延續下去。

台北天后宮前身、新高野山弘法寺的弘法大師像。

神道從日本本土傳入台灣的途徑及在台的傳播，其一多半指向殖民統治者為政治目的所展開的宗教

佳冬神社鳥居與社殿遺構。

移植，這類型可謂國家神道體制下的神社創建，從西元一九〇一年落成鎮座的台灣總鎮守官幣大社台灣神社，或是更早於西元一八九七年改制舊延平郡王祠的開山神社被視為濫觴。日後特別從西元一九三五年前後起，隨著台灣總督府主導的民風作興運動、皇民化運動推波助瀾之下，發動所謂一街庄一社的神社設立風潮。數年間台灣全島各地紛紛設立神社，肩負起各地區皇民化及視為精神生活教化等要津，譬如號稱日本境外保留最完整神社建築的市定古蹟桃園忠烈祠前身的桃園神社，還是目前留下一座龐大的神明鳥居，但神社遺址已成為忠順廟的汐止神社，都是這時期國家神道下的產物。

相較於國家神道，那些基於來台日人的信仰需求所設立，相較於國家神道重視的政治、思想支配、教化等功能，這些由移居台灣的民間日本人自主創設的神社，其中最

明治三十一年（一八九八）鎮座的金瓜石神社與歷史再現活動。

有代表性的莫過於是西元一八九八年由當地礦業公司基於消除不安，以及安定人心所興建的金瓜石神社。目前這座宛如懸掛於山崖間的神社遺址成為了市定古蹟，在當時曾是北台灣第一座創建的神社。

戰後日本神道與佛教相繼喪失在台發展的可能，也在陰錯陽差下讓部分神社遺跡倖存至今，像是社殿原貌保存完整的桃園神社，或是留下完整神社結構的金瓜石神社、通宵神社、建功神社、嘉義神社、圓山水神社、望鄉神社等遺跡，成為今日追憶日本宗教信仰在台發展重要的任意門。

近年復建的鹿野神社社殿。

創建於明治三十四年（一九〇一）的鎮南山臨濟護國禪寺本堂。

三

祇園祭與山鉾巡行

GIONMATSURI

千年古都夏夜風物詩的祇園祭宵山。

千年古都的文化魅力

京都，一座位於日本聞名於世的文化古都，這裡，每年吸引五千多萬海內外觀光客造訪。特別對台灣人而言，對京都的印象已從入門版的金閣寺、銀閣寺、清水寺、嵐山渡月橋、京都車站，晉級到三十三間堂、伏見稻荷大社、二条城、東寺等進階景點。甚至各位生活中所使用的家電用品、藥妝雜貨，已不再仰賴國內的百貨藥妝或巷口的電器行，而是上回到京都時在新京極商店街買的。今日的京都對大家而言不僅是旅遊好去處，更是國人消費滿足生活需求的補給站。

位處日本本州中央一帶的京都，城市的東、北、西三面受山地圍繞，屬於典型的山間盆地地形。京都又稱京、平安京、皇都，自西元七九四年（延曆十三）桓武天皇將首都從長岡京遷往該地以來，歷經千餘年的歷史傳承發展，京都始終扮演著日本文化及政經中心的角色。即使西元一八六九年（明治二）國都遷往東京，京都依舊保有文化及藝術中心的地位，更成為世人心目中的日本文化原鄉。

這座城市究竟散發什麼樣獨特的魅力，讓大家踏入京都便流連忘返？不少人一年去京都的次數，可能還比日本人來得頻繁，甚至還聽過有人已計畫退休後到京都長住，

祇園祭期間的八坂神社參拜盛況。

立志當灣生京都人。談到京都，不論你平常是否親近神佛，當你來到京都，不去清水寺、金閣寺，還是順道至地主神社祈求姻緣，購買御守和寫朱印帳，好像沒到過京都一樣。再加上京文化、京料理、京菓子、京大路、京美人、京野菜等全數以冠上「京」一字的各種宛如金字招牌的京都賣點，呈現了京都不凡的文化實力，也因此，日本政府預計將文化廳遷移到京都市來也就顯得理所當然。

在這座千年古都之中，坐落有一九九四年以「古都京都的文化財」入選為世界遺產的清水寺、天龍寺、金閣寺（鹿苑寺）、銀閣寺（慈照寺）、賀茂別雷神社（上賀茂神社）、賀茂御祖神社（下鴨神社）、平等院等古社名剎，更有如建仁寺典藏的俵屋宗達名作「風神雷神圖」、廣隆寺的彌勒菩薩半跏像、東寺鎮殿的立體曼陀羅佛像群等赫赫有名的國寶、重要文化財。這些古樸精美象徵京都風華的建築物、佛像、繪畫，成為觀光客乘著京BUS探訪追逐的焦點。

舊稱祇園感神院、祇園社的八坂神社。

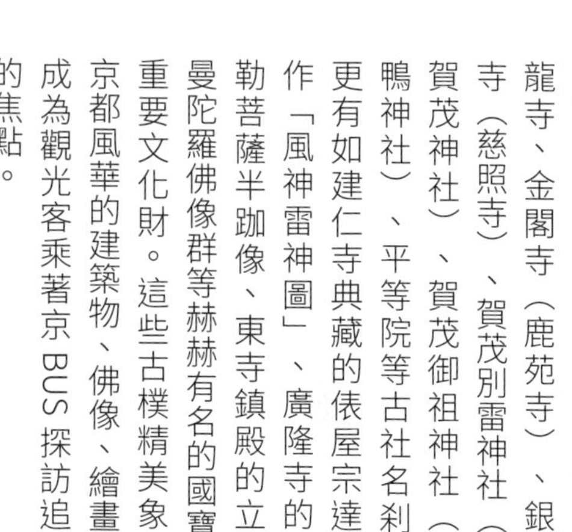

信仰之華・祭典之都

這座千年古都，擁有為數眾多的寺院、名勝、寶物，更保有不少傳承歷史悠久且文化藝術內涵豐富的祭典文化，如享有京都三大祭之稱的「葵祭」、「祇園祭」、「時代祭」，皆流露出京都獨特的祭典風格。這些祭典宛如信仰的開花，每年於特定期間綻放出絢麗夢幻的花朵。從年頭各大寺院、神社的初詣，初觀音、初大師、初不動的指標性祭儀，二月在壬生寺、廬山寺的追儺，還有全國知名的伏見稻荷大社初午大祭。三月、四月春暖花開的季節，涅槃祭、花祭讓京都上下活絡起來。四季的古都順著歲時變化上演一場又一場的祭典，其中又以葵祭、祇園祭這兩個分別具千年歷史傳統，並有獨特發展軌跡的祭典最具代表。

每年舉行於五月十五日的「葵祭」，是以皇室派往上賀茂神社與下鴨神社的敕使，及其隨身行列為中心所發展，所謂「公」的平安時期的貴族祭典風貌。相對之下，祇園祭則是以庶民為祭典核心，可視為「民」的祭典。歷代以來，祇園祭在京都町眾社群支持及參與運作下，成為京都最具規模、代表性的傳統祭典，其蘊含的文化內涵及藝能風格，更成為了日本祭典的代名詞，與大阪的天神祭、東京的神田祭並稱「日本三大祭」。

世界文化遺產——山鉾

京都祇園祭屬於京都市東山區祇園町八坂神社（舊稱祇園社）年例性祭典，在長達一個月的祭典期間，就以神輿渡御、山鉾巡行及宵山等行事最為世人所熟知。特別是「山鉾」這種造型結構類似台灣民間所流傳的藝閣，可謂京都祇園祭中最受喜愛的一項祭典裝置。

前後行進於御池通的鯉山與放下鉾。

山鉾為「山車」的一種型態，其他還有地車、屋台、山笠、曳山等不同形式及稱法，一般統稱為山車。

民俗藝能學者植木行宣的研究指出，全日本以山車為主的祭典達一千五百處之多，而京都祇園祭就是日本山車文化發展的重要源頭。究竟什麼是山車，為何各地所建的名稱與造型皆不同，卻有個共同點就是高聳巨大，山車的「山」意指模仿自然界山岳的樣貌，這件象徵裝置是神降臨的依代（よりしろ），也就是臨時性的依附體。

民俗學者折口信夫曾提出依代的概念，認為祭典中不論採自然物或人工物構成的山車，都是神依附的一種載體。日後隨著各地文化的發展及民眾財富的增進，山車的型態從最早以一枝常綠樹枝為象徵，開始添增許多具雅趣的造型表現，造就出「山車」精緻華麗的裝飾模樣，並孕育傳承下祭典繽紛的意匠文化。

京都祇園祭中所登場的山車，被稱為山鉾。其實在這場祭典中出現的山鉾，可再細分為：鉾、傘鉾、曳山、舁山四項。作為祇園祭象徵的山鉾，不僅肩負著宗教信仰意義，也揉合了歷代的風雅美感，因而又有「移動美術館」的美譽。聯合科教科文組織（UNESCO）更在二〇一六年將全日本三十三處山車祭典組成的「山、鉾、屋台行事」登錄為無形文化遺產，就像是富士山成為世界遺產般的殊榮。這是京都祇園祭在二〇〇九年以「京都祇園祭山鉾行事」之名登錄為無形文化遺產以來，二度獲得無形文化遺產的殊榮，成為綜觀全日本列島南北，匯聚最高榮耀與光芒的祭典。

移動美術館

昇山

長刀鉾

傘鉾

大船鉾

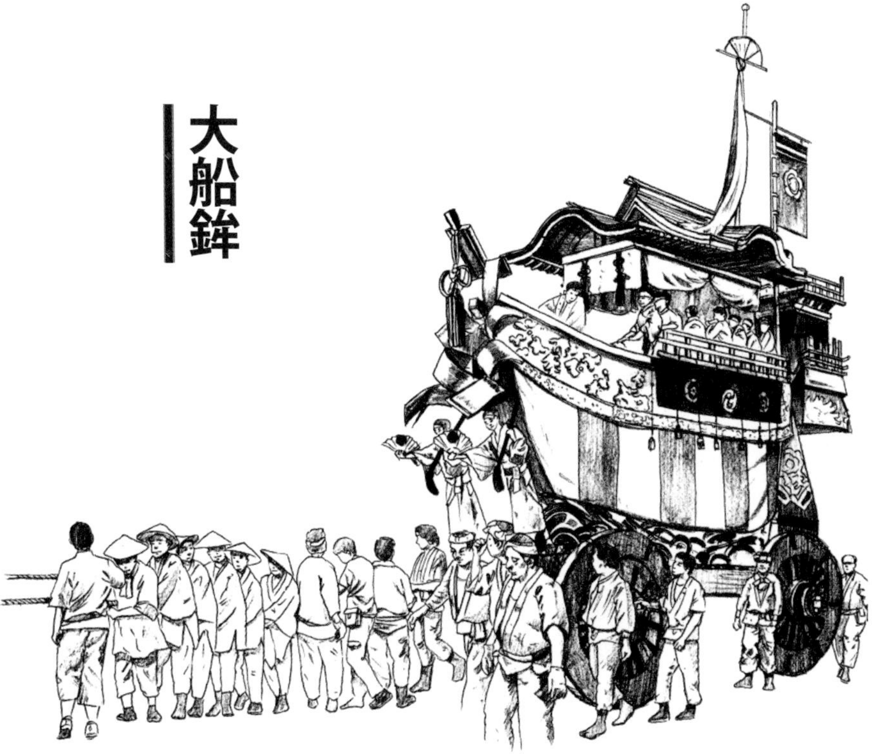

祇園祭的歷史與魅力

GION（祇園）一詞從何而來，祇園祭又是怎麼樣的祭典，為何除了京都的祇園祭，在日本列島各地也可見各種以祇園為名的祭典？這要從一千多年前這場祭典的起源談起。相傳西元八六九年，京都地區疾病瘟疫橫行，當時為抑制急速蔓延的疾病，八坂神社前身的祇園感神院的社司卜部日良麿，於神泉苑內豎起六十六隻矛，召請牛頭天王來鎮壓猖狂的瘟疾。「牛頭天王」原為印度祇園精舍的守護之神，此信仰傳入日本後，再與日本神話中那位性格粗暴的男神素戔嗚尊習合下，成為了驅瘟

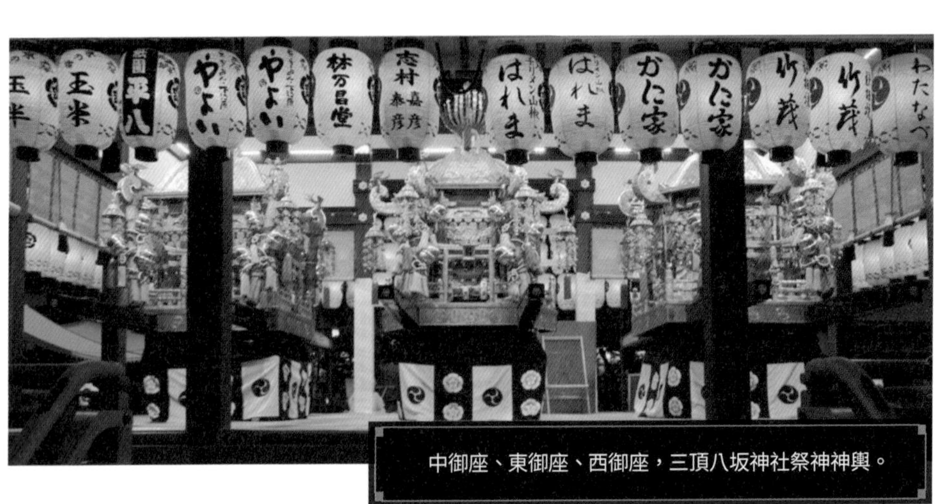

中御座、東御座、西御座，三頂八坂神社祭神神輿。

八坂神社神樂殿上演的石見神樂。

去疫之神。

京都祇園祭的原點，來自一場除疫去瘟的臨時祭儀，在歷經千餘年傳承演變下，成為了今日所見絢爛非凡的祭典。從「祇園御靈會」草創的西元九七〇年（天祿元年）起，祭典選在六月七日舉行，正好是氣溫開始升高的入夏前夕，三座祇園社的神輿，從祇園社迎請到神幸巡境地供奉，到了六月十四日再將神輿移回祇園社安座。

在平安時期末期所完成的《年中行事繪卷》圖繪中，也清楚可見巡境隊伍除了三座神輿之外，還包括十三支馬上鉾、神馬、獅子舞、巫女神舞、田樂等豐富多樣多元的祭典樣貌。雖然這時期「山鉾」還未出現，不過從祭典內容及形式看來，與目前舉行於七月十七日與二十四日的「山鉾巡行」及「神幸祭」形式相近，而這樣的祭典樣貌從草創的平安時期中葉直到室町時代前後大致如此。

日趨成熟、精緻的祭典裝置

「山鉾」的登場大致從室町時代開始，隨著京都市街商業活動活絡，庶民町眾文化的成形，逐步孕育出「山鉾」這種型態的祭典裝置。當時各區域町眾無不極盡巧思創造各個獨特的「山鉾」，在一份室町時代流傳下來的書卷中，即出現：「山崎的定鉾，大舍人的鵲鉾，風流的作山」等文字描述。據說到了室町時期中期，大約在應仁之亂事件（西元一四六七年）前後，山鉾的數量曾高達五十八台。不過，戰亂的影響也讓祭典存亡遭受空前危機，所幸祇園祭在西元一五〇〇年恢復舉行，當時有三十八台山鉾參與祭典巡行。

江戶時代以降，祇園御靈會中的宗教儀式及祭典行事穩定發展，隨著京都町眾文化的成熟及經濟條件提升，民眾對於祭典內涵及器具

懸掛名畫家平山郁夫繪製《沙漠駱駝》織毯的孟宗山。

選用上更為講究。例如雞鉾那幅十六世紀比利時製造，繡著名史詩《伊利亞德》故事內涵的掛毯，或像是函谷鉾懸掛在山鉾那塊繡著舊約創世紀主題的掛毯，兩旁也懸掛有來自朝鮮王朝、印度等地精美的毛毯掛飾，即是最好的歷史證物。促使以山鉾為象徵的祇園祭相關裝置朝向細膩、精緻的方向發展，進而造就出祇園祭所蘊含的祭典之美。京都祇園祭在近代以來歷經數度的波折挑戰，終究在京都官民眾志一同的努力下，成為世上少數持續千年傳承的祭典活動。

函谷鉾巡行英姿。

十六世紀末比利時製作、描繪舊約聖經創世紀的掛毯。

十七世紀分別來自波絲、朝鮮李朝及中國的掛毯。

京都街頭充滿著祇園祭歡慶色彩。

町民動員
敲響祭典前奏

從「祇園御靈會」蛻變為「京都祇園祭」，經過一段漫長的發展歷程，今日的祇園祭，大致是從六月上旬的稚兒挑選起，一直到七月三十一日疫神社夏越祭結束前，共有數十種大小不同的祭典，構成世人熟知的「京都祇園祭」。

「稚兒」在祭典中具重要的宗教象徵意義，也因此歷年來對稚兒的挑選格外慎重，不過由於在祇園祭的三十三座山鉾中，只剩「長刀鉾」仍維持稚兒乘坐的傳統，因此目前只有長刀鉾町需做「稚兒挑選」。這項活動是從該區域挑選出適當人選，這位幼童將從六月吉日起離家，直到祭典結束前需住在長刀鉾町會所，名義上成為長刀鉾町的養子，實際參與各項祭典。

京都市街在進入七月之後，居住於擁有山鉾區域、也就是俗稱山鉾町的居民們，生活中開始充塞著

祭典氣氛，紛紛著手展開各種祭典相關準備。有從事祇園囃子這種祭典音樂的練習，有協助粽子這項宗教吉祥物製作裝飾的準備，還是對祭典用具及會所空間展開整理。此刻，祭典氣氛不僅瀰漫於山鉾町周遭，在京都重要的街道上，可看到祇園祭的燈籠、牌坊，各地牆上也張貼著祇園祭觀光宣傳海報等。

長刀鉾稚兒社參儀式。

如果你是遠道而來，當一踏入京都車站出入口，迎面而來的是斗大的京都祇園祭及書寫著山鉾的燈籠組合。至於傳入耳內的是悠揚笛聲配合著悅耳的金屬敲擊聲、穩重安定的鼓聲所構成的祇園囃子。這是京都祇園祭特有的祭典音樂，負責演奏的成員只限定在地居民，祇園囃子的樂器有鉦、笛與太鼓三項，「鉦」是一種銅製的打擊樂器，敲擊發出清脆悅耳的響聲，為炎暑高溫籠罩的京都盆地，帶來一絲絲的涼意。

祇園囃子樂曲隨著各山鉾町的傳承而有所不同，基本上流傳有三十多首，傳承方式有一定的準則慣例。孩童首先從鉦的演奏入門，接著在十餘年的參與習藝下，可晉升到吹奏笛的部分，最後才有機會演奏太鼓。如此循序漸進的傳習方式，讓京都祇園祭的傳統藉由歷年反覆的參與體驗，一點一滴地吸收而達到完整的傳承，這是延續文化

宵山會所飾及粽子頒授。

傳統及技藝最理想的做法，也值得作為國內陣頭傳承的借鏡。

▲ 上圖：京都祇園祭最著名的特產是「粽」，講到粽子，或許大家都想起香噴噴的燒肉粽，不過京都祇園祭的粽子是以稻草、竹葉綁捆而成的吉祥物。每逢祇園祭期間，各山鉾皆製作自己專屬的粽，分送或頒授給民眾帶回家懸掛於門口，據有去厄防災難的功效。
下圖：三若神輿會遵循傳統製作的神輿便當，雖然看似只不過是竹包裹米飯，卻是有錢也買不到的夢幻吉祥物。

山鉾巡行與祭典奏樂引爆祭典高潮

7月10日～7月16日——宵山祭（前祭）

七月十日開始，八坂神社信眾將三座神輿抬往神社前方的四条大橋上，由神官取鴨川河水來潔淨神輿。一方面，各山鉾町也開始展開搭建山鉾的作業，只見固定的方式展開組裝搭蓋工程。自古以來，祇園祭山鉾的組裝即完全不使用釘子，唯有的是匠人熟練的結繩技巧，將各式的木料、零件、裝飾物等物件，巧妙的組裝定位，完成這些高約十餘公尺、重達十噸左右的祭典裝置，展現優異的傳統工法及匠師精湛的技藝。

參加前祭的山鉾於七月十四日完成組裝，及細部的陳列設置之後，接連於七月十四日到七月十六日的夜間，參與「宵山（前祭）」祭典，為七月十七日的「山鉾巡行（前祭）」暖身。此時，可見停放於京都市街內的各個山鉾在燈籠點

八坂神社周邊的祇園街區流露的祭典風情。

1 山鉾的櫓組裝固定。

2 匠人施打具吉祥意義的海老結。

3 山鉾屋頂組裝。

4 吊掛上各式織品掛毯。

◀ 祇園祭三十三台山鉾全部採用傳統的結繩方式組裝，不使用一釘一鉚的做法，仰賴匠人熟練的技術，以及各町眾維持傳統的決心。

綴下別有一番風情，各山鉾町也在會所內展示各項配件、屏風、寶物，一旁更有祇園囃子的演奏及吉祥物「粽」等紀念品的販售，構成一幅京都夏夜特有的祭典風物詩。除了前述山鉾町內的相關活動，此時八坂神社方面，也陸續進行「迎提燈」、「稚兒社參」、「宵宮祭」、「獻茶祭」等祭典行事。

北觀音山於四条河原町展現「辻回し」山鉾轉彎的勇技。

取自中國螳臂擋車典故的螳螂山。

7月17日──山鉾巡行（前祭）

七月十七日所舉行的「山鉾巡行」為祇園祭的重頭戲，「山鉾」為一種祭典所用的台車，「山鉾」為「山」與「鉾」兩種形式合稱，兩者不論在外觀及構造上皆有明顯的不同。琳瑯滿目的山鉾名稱呈現出該祭典文化豐富多樣的面貌，其中又以搭載稚兒的長刀鉾具有的地位最為特殊。由於長刀鉾上懸掛著具驅邪除穢功能的大長刀，因此自古以來，長刀鉾在「山鉾巡行」祭典中永遠擔任先鋒，不需抽籤決定行進次序。七月十七日「山鉾巡行」祭典也在長刀鉾稚兒砍斷注連繩後展開序幕，接著依該年抽籤決定之次序，隊伍順著京都市區的河原町通、御池通、御池新町等路徑魚貫而進。

目前參與祇園祭「山鉾巡行」祭典的山鉾

共有長刀鉾、蘆刈山、白樂天山、霰天神山、函谷鉾、孟宗山、四条傘鉾、郭巨山、月鉾、蟷螂山、天神山、占出山、菊水鉾、太子山、綾傘鉾、伯牙山、雞鉾、木賊山、保昌山、山伏山、放下鉾、岩戸山、船鉾、北観音山、橋弁慶山、黑主山、鈴鹿山、八幡山、役行者山、鯉山、淨妙山、南観音山、大船鉾等三十三台。

長刀鉾試拖曳現場。

函谷鉾與油天神山交會巡行。

7月17日——神幸祭

結束「山鉾巡行」之後，另一項重要的祭典「神幸祭」持續於當日傍晚舉行，三座分別由三若會、四若會、錦會抬行的三座巨大神輿，在轎班成員簇擁抬動之下，行經各自的信徒區域後，朝四条街上的「御旅所」這處臨時停駐地前進。沿路居民無不被神輿搖動所發出的金屬聲響，以及神輿會成員情緒高昂的呼喊聲及腳步聲帶來的祭典熱氣沸騰，歷經數小時行進後抵達御旅所進行安座。

這三座神輿在七月二十四日之前，停駐接受京都市街居民的祭拜，其中祇園花街上的藝妓、舞妓們將會連續七天前往御旅所參拜，只是這個參拜不僅要連續七天，而且參拜過程及路途上不可開口講話，據說若能持續即可實現願望，稱為「無言参り」。

三若神輿會抬中御座神輿抵達御旅所。

抬西御座的錦神輿會。

7月24日——山鉾巡行（後祭）、花傘巡行、還幸祭

七月二十四日上午，首先進行後祭的山鉾巡行，接著是「花傘巡行」祭典，接著在當日傍晚舉行「還幸祭」，將神靈遷回八坂神社安座。在結束一連串重要的民俗祭典後，祇園祭也將進入尾聲，最後一個祭典為八坂神社境內疫神社舉行的「夏越祭」，此祭典的落幕宣告這一年的京都祇園祭結束。

祇園祭期間熱鬧繽紛的八坂神社社頭景象。

祇園祭的演變與傳承

事實上，今日所見的京都祇園祭傳承樣貌，並非歷代以來毫無變化延續，應仁之亂、禁門之變這兩項戰火變革都曾帶給祇園祭深刻的衝擊。所幸祇園祭在京都民眾費心守護甚至重振復興之下，讓這樣祭典生氣盎然延續至今。

今日以七月十七日、二十四日為前後祭的時間設定，是在明治十年所確立的，也由於「明治改曆」的變動，舉行時間完全調整為新曆，在三十一天的祭典期間，分別由八坂神社及山鉾町辦理一連串的宗教儀式及民俗慶典。

祇園祭到了近代，再度歷經幾次的變動，其中又以西元二〇一四年這次將山鉾巡行恢復回前祭、後祭的調整最受矚目。調整後的祭典，從以往的七月十六日的「宵山」、十七日的「山鉾巡行」、「神幸祭」，以及二十四日的「花傘巡行」、「還幸祭」等祭典主要結構，轉變成七月十六日的「前祭宵山」、十七日的「前祭 山鉾巡行」、「神幸祭」，以及二十三日「後祭 宵山」」、二十四日的「花傘巡行」、「還幸祭」、「後祭山鉾巡行」等祭典行事。

如此的調整雖未改變傳承千年的祭典核心內涵，從另一角度來說是恢復到西元一九六六年將前後祭合併前的原貌，只不過復原半世紀前的祭典型態，光就祭典行事的再變化已造成半世紀以來傳承社群與祭典構成運作節奏的改變。特別是如此跨越千年時光至今仍持續傳承發展的祭典，已成為涵養京都民間

月鉾的宵山燈籠裝飾。

文化不可或缺的傳承母體。對居住於山鉾町周邊的住民而言，祇園祭不單只是純粹的宗教儀式，在民間傳統生活中，祇園祭已成為夏季例行的歲時活動，不論直接投身參與，或只是受傳入耳畔的祇園囃子樂曲所感染，每年七月悶熱高溫的京都市街，處處瀰漫濃郁的祇園祭節慶氣氛。

迎提燈行列中由稚童扮演的赤熊。

長刀鉾稚兒、禿與保存會成員一行。

祭典的中斷與再興

祇園祭的進行於二戰末期受到影響，在西元一九四三至一九四六年間山鉾巡行全面中止，到了西元一九四七年長刀鉾、月鉾恢復搭建，長刀鉾於寺町四条一帶短暫巡行，為祭典的全面恢復努力。同年，民間祭典組織清々講社與京都觀光連盟為了協助京都祇園祭早日恢復過去的盛況，籌組「祇園祭山鉾巡行協賛会」以負責相關經費的籌募，分擔「祇園祭山鉾連合会」的任務，祭典規模在協讚會與山鉾聯合會的推動下逐年恢復。

西元一九六二年，祇園祭山鉾二十九台被日本政府指定為重要有形民俗文化財，政府隨即提供一筆補助金來興建收藏庫，西元一九六八年完成了山鉾收藏庫的興建，設置於八坂神社旁圓山公園的收藏庫成為欠缺會所倉庫的山鉾收藏之所。同年，祇園囃子的保存傳

放下鉾在町眾拉行下前進。

承開始推動，共以十餘年的時間，提供補助金分別完成錄音、採譜紀錄及出版等工作。西元一九七九年「京都祇園祭の山鉾行事」指定為無形重要民俗文化財，伴隨著雙重國家指定重要民俗文化財的文化資產身分，讓京都祇園祭山鉾巡行成為日本政府推動無形文化資產保護工作重要的指標。

設於圓山公園內的祇園祭山鉾收藏庫。

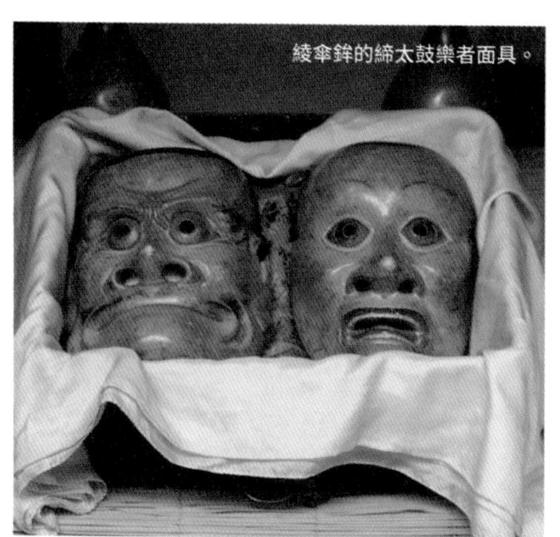
綾傘鉾的締太鼓樂者面具。

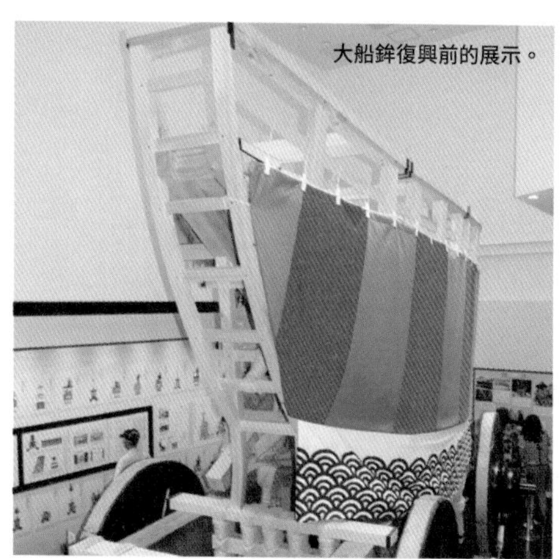
大船鉾復興前的展示。

占出山的三十六歌仙圖刺繡水引。

鯉山會所擺飾。

居民齊心守護，發揚傳統祭典文化

京都祇園祭從相傳的神泉苑豎六十六隻矛的無病息災祈願，到今日成為日本祭典的金字招牌，傳承千年的京都祇園祭發展之道，在歷代順應各時代背景、時局環境而延續展開，山鉾在民眾自主的維持及各町競爭意識交錯下，於歷史洪流中傳承挺進。自古以來，山鉾巡行等執行面向，譬如巡行路線、山鉾巡行的排序等就須與行政當局交涉溝通，進而在山鉾町內組成一個仲裁聯絡組織。在進到巨變的明治時期，盛開於傳統文化土壤下的京都祇園祭，遭逢近代都市腳步造成的影響，京都市區開始出現電線杆、纜線等近代文明的建設，這些對體積龐大的山鉾而言，產生巨大的影響，甚至發展成山鉾巡行存廢的層面。另一方面，伴隨著觀光需求、交通限制等接踵而來的問題，西元一九二三（大正十二），籌組名為「祇園祭山鉾連合会」的整合性祭典營運組織，同年京都市也設立了修繕補助制度以協助京都祇園祭的傳承。

京都祇園祭到了二十一世紀，又多了一項文化資產保護身分，也就是俗稱非物質版的世界遺產。聯合國教科文組織從過去以有形為主的世界遺產、自然遺產，跨往無形、非物質的文化保護事務推動，京都祇園祭在西元二〇〇九年

迎提燈行列的鷺舞稚童。

南觀音山與北觀音山的巡行畫面。

◀ 擔任中御座神輿前導的久世駒形稚兒。

以「京都祇園祭山鉾行事（京都祇園祭の山鉾行事；Yamahoko, the float ceremony of the Kyoto Gion festival）」一稱，獲選登錄為UNESCO無形文化遺產。京都祇園祭在這項被視為最高等級的文化國際公約之下，一般民眾自主參與的京都祇園祭特徵，獲得當年評選委員一致的評價。如此的認知也造就日本積極提報至今傳承千餘年，不僅祭典完全由民眾自主營運，該祭典傳承更造就出山鉾這種祭典裝置，從京都影響到全日本各地祭典風格的發展。

每年七月的京都，那清脆悅耳的祇園囃子樂曲仍持續演奏著，當你穿越細長的京町屋街道，看到宛如古繪卷上跑出來的人物及斗大華麗的山鉾，沒錯，你確實身處而二十一世紀的古都，只是那一刻，你透過傳承千年的祭典，讓我們宛如穿越時空，走進了歷史現場。這就是祇園祭的魅力所在。

月鉾華麗的織品掛毯與囃子方吹奏者。

四章 天神祭與住吉大社例大祭

TENJINMATSURI

天神祭どんどこ船航行於道頓堀川。

自由奔放的水都大阪

素有天下廚房之稱的大阪，向來以美食聞名於世，舉凡大阪燒、章魚燒、大阪串燒等國人熟知的大阪美味，都出自於這座戲稱可為美食傾家蕩產之地。大阪舊稱大坂、難波、浪速，為關西地區的首善之都，據說在古墳時代、飛鳥時代，仁德天皇、孝德天皇都曾先後在此設都，只不過在多數的歷史時空中，大阪是以庶民之都、商賈之地而立足，而橫跨市街河川多達三十三條的景象，讓大阪亦博得水都之名。

相較於流露出沉靜雅致氛圍的京都及行政中樞的首都東京，大阪散發的是一種自由奔放且充滿活力的城市氣息，這點清楚反映於大阪著名的地標太陽之塔，還有道頓堀絢爛的霓虹街景，這些似乎都成為最道地貼切的大阪印象。

這座歷史悠久的城市不僅止於此，相傳創建於神功皇后攝政當時的住吉大社、聖德太子創建的四天王寺，以及菅原道真死後由天皇敕命興建的大阪天滿宮等，都是大阪最具代表性的古剎名社，此外還有那座象徵秀吉權傾天下的大坂城。雖然今日的大坂城天守閣已非當年創建之物，但是從僅存的一道護城河展現的雄偉氣勢，足以反映出太閤創建大坂城所投注的心力。

談起大阪人的自豪，除了前述列舉的甚多名勝史蹟景點，大阪地區也傳承了生命力滿點且表現形式多樣的民俗祭典，其中每逢盛夏，讓愛熱鬧又樂天活潑的大阪民眾為之瘋狂的，莫過於是傳承千年，以堂島川、大川（舊淀川）的鉾流神事、船渡御而聞名於世的「大阪天神祭」。

大阪天滿宮的御迎人形羽柴秀吉。

天神祭どんどこ船航行於熱鬧的道頓堀。

菅原道真與天神信仰

天神祭屬於大阪天滿宮最具代表性的祭典行事，其開創時間可上溯到十世紀中葉的平安時代，在供奉菅原道真的大阪天滿宮創設初期，這場祭典即開始舉行。菅原道真（西元八四五—九〇三）為日本平安時代的重臣、學者，生前因受政敵讒言所害，被貶官至九州太宰府而抑鬱以終。日後朝廷為鎮撫菅原道真之靈，將菅原道真視為信仰對象，進以發展成天滿天神信仰。同時也在祭神菅原道真博通學藝的特質下，造就出學問、功名的神格特質。

天神信仰是以菅原道真生前居住地及流放地的京都北野天滿宮、福岡太宰府天滿宮為信仰中心，至於大阪天滿宮雖創建時間與信仰地位居次，不過大阪天神祭自開創至今，歷經千餘年的傳承發展，讓天神祭不僅成為大阪地區最具規模的

陸渡御中的天神祭玉神輿。

祭典，並與東京神田祭、京都祇園祭並稱日本三大祭，可謂日本列島中的天神祭代名詞。

催太鼓願人的神前參拜。

大阪另一著名天神祭露天神社役太鼓少年。

大阪天滿宮神門前。

天神祭 

祭典序幕

每年七月二十四、二十五日為天神祭舉行的時間，只不過祭典的準備從六月下旬即開始，從祭典任務之任命、奉告及囑咐約束的裝束賜式等流程，為這場大阪最具代表的夏日風物詩揭開序幕。七月起，天神七夕祭、船渡御事始式、葦奉納式、神輿出庫、伏見三十石船獻酒祭，以及在宵宮前夜的御羽車巡幸祭等各式祭典活動接續登場，為一般民眾印象中熱鬧繽紛的天神祭來加溫。

二十四日與二十五日的大阪市街，籠罩著一股令人血脈賁張的祭典氣氛，不僅來到天滿宮周遭

水都大阪天神祭盛況。

催太鼓於社前奉納演出。

大阪天滿宮的天神天滿花娘。

可見滿滿的人潮及五顏六色的祭典布幕、燈籠及各式的野台攤販，在舊淀川畔（又稱大川）的橋樑、道路兩旁，也可見眾多商家早已卸下昔日緊繃且正經的形象包袱，隨著二十四日清晨一番太鼓聲響起，將祭典特有的情緒灌注於水都大阪。

どんどこ船入宮進行「鉾流神鉾奉還」儀式。

7月24日─宵宮祭

宵宮祭包含鉾流神事、催太鼓入宮、獅子舞入宮等儀式。當日上午，首先於大阪天滿宮神社本殿內舉行神道宗教儀禮，在神職、神童、氏子信徒及祭典相關代表群集參列下，由天滿宮宮司主持宵宮祭，依循著神道祭典式第流程，以修祓、降神、獻饌、祝詞奏上、玉串奉拜、神樂獻舞等作法祭神奉告，祈求世人無病無災及祭典順利圓滿。

在莊嚴肅穆的神式祭典告一段落下，一行人在手持白木製神鉾的神童、神職、巫女、樂人及神鉾講成員隨行下，步行來到堂島川旁乘坐齋船，船隻於龍笛樂聲的陪襯下出航，在抵達河中神童把神鉾放流而下，此儀即為天神祭創始源頭的「鉾流神事」。

據說這項儀式始於大阪天神宮創建隔年的西元九五一年（天曆五），將神鉾投入大川漂流而下，

天神祭船渡御どんどこ船

當神鉾被河川沖流靠岸著陸，便以此做為該年祭典的御旅所，再將神靈透過水運迎請至御旅所巡行，這樣的水上巡行便是今日成為大阪天神祭招牌的「船渡御」前身。只不過這項儀式曾在江戶寛永年間，因御旅所位置變成固定不變的情況下，導致鉾流神事也隨著落幕。後來，這項反映天神祭創建由來的祭典，在西元一九三一年重新再復原，被視為天滿祭中具代表性的儀式。

全長十六・二公尺的どんどこ船為天神祭近百艘「船渡御」參與船隻中，最輕巧靈活且機動性高的一支隊伍。由木津川沿岸木場的勞動者所組成的どんどこ船，於天神祭期間，穿梭在中之島道頓堀川的水路上，應著鼓聲、鉦聲及操槳呼喚聲，威風航行奔馳。

在宵宮祭這一天，還可見行宮祭、山蔭流儀式庖丁奉納、天神講獅子舞、催太鼓、どんどこ船宮入、鉾流神鉾奉還、水上薪能等各式各樣的宗教儀式及藝能奉納進行，其中這組由六位頭戴紅高帽的鼓手猛力敲擊太鼓，再搭配大鼓台車劇烈搖晃，以及願人鼓手呼喊聲構成的太鼓藝能表現，是天神祭中另一項吸引大家目光的祭典要角。天滿宮催太鼓出宮繞行周邊市街巷道，透過沉穩威武的鼓聲，為潔淨氏子信徒區域並傳達祭典的訊息，同一時間，由在地民眾組成的天神講獅子也在天滿宮一帶巡行表演，讓天神祭宵宮祭的氣氛顯得無比的活絡熱鬧。

在大阪天滿宮境內，可見大量的人潮擁入平日寂靜閒逸的神社，此起彼落的拍手、賽錢聲響，還有正賣力於神前手舞足蹈跳著龍踊的地車奉納表演，當然也不會錯過，社殿前方一旁擺設的各種色彩鮮艷

地車講豪邁狂野的龍踊奉納演出。

的神輿、供品、祭器等祭典限定的各種造型。

天神講獅子舞為參拜者祈福。

2 丑日講的御太刀。

3 大阪天滿宮的御迎人形神宮皇后。

4 花傘講的御花傘。

5 大阪天滿宮的玉神輿。

天神講獅子的傘踊巡行。

天滿宮太鼓中催太鼓巡行。

7月25日—本宮祭

本宮祭是天神祭的壓軸活動，該日祭典包含：夏大祭儀禮、神靈移御祭、陸渡御、船渡御、船上祭、還御祭及奉納煙火。這一天由本宮祭與神靈移御兩項祭典儀式為領頭，搭載著天神的玉神輿、鳳神輿這兩座金碧輝煌的御鳳輦，在催太鼓、猿田彥、采女、稚兒、牛曳童兒、御迎人形、神具、牛車、旗、鉾、總奉行、御羽車、獅子舞、樂人、地車囃子等行列引領，以及由大阪人引以為豪的講社信徒組成的龐大「陸渡御」繞境隊伍加入下，浩浩蕩蕩的大隊人馬步出大阪天滿宮，行經高樓林立的大阪市街道路，抵達天神橋畔的「船渡御」乘船地。

天神祭陸渡御稚兒巡行。

天神祭陸渡御牛曳童女。

作為水都大阪第一大祭的天神祭，又以歷史達一千年以上的「船渡御」水上繞境最受矚目，只見日間參與陸渡御的催太鼓、御迎人形、神鉾講、天神講、地車、玉神輿、鳳神輿等換搭數十艘奉安船，隨同還有天滿宮氏子信徒及大阪各傳統藝能、學校機構、社團組織組成的奉贊隊伍，也分別乘坐列外船、舞台船、奉拜船之名的船隻數十艘。黑夜下的河面，在超過百艘的船隻在篝火發出的粼粼火光與提燈燭光的映照下，呈現一股幽玄神秘的情緒。還有那場吸引百萬人觀賞的奉納花火，五千發七彩炫麗的花火綻放，將大阪的夜空點綴地如夢如幻，構成一幅水火交織下的水都夏祭美景。

篝船與船渡御景象。

天神祭奉納花火。

國寶住吉造本殿的祭典一景。

住吉大社例大祭

當天神祭落幕那一刻，位在大阪南邊另一座著名神社住吉大社的夏天才要開始。住吉大社為全日本住吉信仰的總本社，也是曾經具官幣大社如此崇高社格的神社，每逢七、八月之交，由住吉大社舉行的例祭「住吉祭」，可謂大阪地區最具代表性的宗教潔淨祭典，也被視為大阪告別夏日的最後一場大祭，並與「愛染祭」、「天神祭」合稱為「大阪三大夏祭」。

這場祭典從七月下旬海之日（七月的第三個星期一）的「神輿洗神事」啟動，接著在七月三十日舉行宵宮祭，隔日為住吉祭最核心的「例大祭」。特別的是，住吉祭在例大祭傍晚，維持有夏越祓神事這項儀式傳統。

雖然這場祭典的時間不同於一般神社常見的六月底，卻因這項祭典歷史傳承悠久，再加上住吉大神兼具海洋、航海及除穢的神格特質，也因此，住吉大社在年度最盛

住吉大社的船神輿。

大的祭典中，一併舉行夏越祓神事這項宗教潔淨儀式。

　八月一日，則迎請住吉大神巡行氏子信徒區域，「神輿渡御」一行步出社殿，來到堺市的御旅所宿院頓宮停留，在舉行荒和大祓神事之下，行經氏子信徒區域返回住吉大社，結束一年一度的住吉祭。

▲ 住吉大社位於大阪市住吉區，戰前具有官幣大社社格，是全日本住吉信仰兩千三百社的總本社，又名為住吉大神宮。住吉祭為例祭，其他重要祭典還有正印殿祭（四月六日），御田植神事（六月十四日）等。

住吉大社與夏越祓神事

住吉大社傳說創建於西元三世紀，距今有一千八百年以上的歷史，主祀有合稱住吉大神或是住吉三神的底筒男命、中筒男命、表筒男命，以及參與三韓征伐的神功皇后。這座神社的「夏越祓神事」是以身著華麗衣飾的夏越女、稚兒穿越茅草輪的情景聞名於世，並且被大阪府指定為無形民俗文化財。

夏越祓神事又稱為「夏越しの祓」、「夏越節供」或是「輪越祭り」，這種儀式廣泛傳承於日本列島各地，是為潔淨前半年附著於身心上的污穢、災厄等神道儀式，民眾透過神職的協助，以紙人、茅草等替身及設置於神社境內的茅草輪裝置具有的潔淨之力，祈求無病無災、開運招福。如此的宗教儀式起源甚早，早在八世紀制定的《大寶律令》中，即出現當時朝廷官員為除去庶民的災難罪惡，而誦念大祓詞的描述，日後，大祓祭伴隨歷史時空的傳衍發展，成為各地大小神社例行的重要祭儀。

住吉大社宮司與神職一行。

參與夏越祓神事的夏越女與稚兒。

住吉踊在社頭前奉納演出。

「通過住吉大社夏越祓神事潔淨之人，可以延長千年的壽命」，這是出自一段和歌的描述，顯示民間傳承下的住吉祭印象。住吉祭夏越祓神事在住吉祭例大祭當日的傍晚登場，神職首先在住吉大社五月殿內舉行大祓儀式，接著在數名神職的前導指引下，盛裝的夏越女、稚兒及住吉舞成員、氏子信徒及一般信眾們，低聲誦唸著「通過住吉大社夏越祓神事潔淨之人，可以延長千年的壽命」這段和歌，依序穿越設置於神社境內那座大茅草輪，再將手上持有的替身紙人形或是茅草放入唐櫃木箱內。隔日，神職將這些紙人形、茅草全數放流至大海，象徵將半年內的一切罪惡汙穢驅趕送除。接著，在住吉大社的第一本宮內則開始進行例大祭，同時由民眾組織而成的住吉舞、熊野舞等民俗藝能也來到社殿演出奉納。

夏越女保存會一行參與祭典。

住吉踊成員穿過大茅輪潔淨身心。

住吉祭夏越女行列。

神輿渡御

八月一日，住吉祭這場夏日祭典的另一項重頭戲神輿渡御祭也將登場，話說與住吉祭有關的歷史紀錄，最早出現於八世紀的《住吉大社神代記》，只不過涉及到神輿渡御方面的描述，則要到十三世紀成書的《諸神事次第記》。

這項祭典發起時間甚早，但是，這項傳承至今達七世紀以上，以通過住吉大社反橋、沿紀州街道南下、在渡溪穿越大和川往返堺市宿院頓宮的徒步神輿渡御傳統，在數百年間的傳承延續並非一帆風順。其中為順應明治改曆而曾在一八七四年進行時間調整，一九四二年起也因二戰緣故而中止這項祭典傳統。

雖然在一九四九年逐步恢復神輿渡御，只不過在一九六〇年起，因神輿抬行人力不足之故，讓威武勇壯的神輿穿越大和川的

畫面成為歷史。所幸這項中斷數十年的文化傳統，在大社神職、氏子信徒及當地各界奔走努力下，這項具悠久歷史的祭典傳統於西元二〇〇五年重新復活恢復傳承。

神輿穿過石造住吉鳥居。

神輿通過太鼓橋往氏子區域前進。

住吉祭的獅子舞。

住吉祭的武者行列。

這場眾所期待的住吉祭神輿渡御，在本殿前的發輿祭結束下正式展開，只見由猿田彦命、神馬、住吉踊、夏越女、枕太鼓、武者行列、獅子舞、御鳳輦、船神輿，及數百人簇擁抬行的住吉神輿所組織的神輿渡御隊伍，浩浩蕩蕩穿過住吉鳥居，從大社跟前出發。

五顏六色的色彩盛著祭典的枕太鼓、住吉踊發出的祭典樂曲聲，讓住吉大社境內外祭典氣氛濃厚，其中，特別是神輿在眾人抬行通過那座傾斜度達四十八度，又名太鼓橋的反橋時，宛如從天而降的神輿樣貌成為住吉祭的一項特色。

神輿渡御一行浩浩蕩蕩繞行氏子信仰居住區域，接著穿越大和川涉水上岸，抵達大社御旅所的宿院頓宮，在神職主持下進行荒和大祓神事，祈求眾人無病無災，彰顯出大阪夏日住吉祭呈現的潔淨信仰之力，為難波居民邁向秋季做最好的準備。

區域孩童參加的枕太鼓巡行。

猿田彦大神乘馬率領神幸行列前進。

五章

神田祭與佐原大祭

KANDAMATSURI

佐原山車巡行於古風浪漫的
佐原街道。

現代東京與老江戶

今日作為日本首都的東京，宛如日本的代名詞一般，往往成為外國人認識日本的第一站。東京是什麼樣的地方？雖然提及江戶一稱，總讓人感到似曾相似的懷舊感，但是，一般提起東京，往往浮現於腦海的是那繁華的國際之都，超現代感的城市風貌，便捷暢通的交通網絡，這些出自東京特有的都會風情，常成為世人認識東京既定的印象。

記得二〇一六年有部超人氣的電影《你的名字（君の名は）》，東京成為了這部動畫中描繪的重要場景，有新宿一帶摩天大樓林立的風景，東京灣台場浪漫的吊橋海景，還有位於都市叢林中那座男女主角擦身重逢旁的須賀神社。是的，東京不只有繁華現代的一面，這座歷經德川幕府兩百六十四年經營開創的江戶城，也乘載著眾多老江戶人延續而下的文化傳統。

譬如開山於西元六二八年，以雷門上鎖懸掛的那只大燈籠而聞名的金龍山淺草寺，信仰發跡至今已達一千三百多年。一方面，坐落於繁華都心的明治神宮，鎮座至今雖未達百年，當你來到這裡，穿過那一片渾然天成的神宮森林，來到供奉奠都東京的明治大帝、昭憲皇太后的社殿前，想必會先被那座台灣檜木製成的日本第一木造鳥居所吸引。還有經常成為政治新聞焦點，同時也是日本列島櫻花盛開重要指標的靖國神社，以及位於東京鐵塔旁，那座江戶幕府歷代將軍永眠之地的增上寺，這些分散於大都會東京各角落的神社佛寺，透過東京具體有形的物質載體來體現無形的江戶歷史記憶。

人潮簇擁盛況非凡的神田祭
社頭景象。

神田祭緣起

論及江戶過去輝煌的文化傳統，這座鎮座至今即將邁向一千三百年，特別在繁華一時的江戶時代，以江戶總鎮守之姿守護江戶城鬼門的神田明神，廣受江戶人所崇敬，進而造出就神田明神例大祭「神田祭」的盛況。其不僅與赤坂日枝神社的山王祭共享天下祭美譽，同時也與「京都祇園祭」、「大阪天神祭」被民間稱為日本三大祭典。

只不過，相較於歷史動輒可上溯到千年的祇園祭、天神祭，神田祭確切的歷史緣起仍不明確，目前僅能透過《神田大明神御由緒書》推測，神田祭是在德川家康祈求戰勝靈驗下，將決定天下的關原之戰九月十五日作為神田祭舉行之日，從此在德川幕府的支持下，神田祭的發展得以日趨茁壯。神田祭與山王祭至江戶時代以來，

各町會氏子抬著町神輿入宮參拜。

開始形成單數年神田祭、雙數年山王祭的舉行慣例，此外也由於明治時代祭典曾遭受暴風雨侵襲，所以將祭典日期改為例年五月十五日鄰近週日前後一週之間。

東京一帶常見的神輿，與京神輿等關西型神輿的造型特徵不同，例如鳳凰尾巴下垂、轎體細轎頂寬，以及設置於轎頂上緣的蕨手等，都是江戶型神輿的特徵。

江戶型神輿

神輿雲集 神田祭

神田祭在史上是以擁有龐大華麗的山車而聞名，只不過這樣的祭典傳統在明治時期，受到相繼出現於都會市街上的路面電車及電線桿搭設的影響，再加上關東大地震引發的大火燒毀多數的山車、祭器，讓神田祭的山車傳統面臨瓦解的窘境。今日的神田祭已不見壯觀豪華的關東山車，取而代之的是以御神輿為主的祭典風貌。這場具日本三大祭典頭銜的神田祭，曾面臨祭典傳承的危機，歷經神田明神信徒的奔走努力，更重要的是江戶人熱血的祭典DNA燃燒助長之下，今日每逢奇數年五月中旬的東京市區，除了可見兩台復興的山車及三座鳳輦神輿，最壯觀的莫過於是氏子信徒區一〇八町會保有的兩百多座大小神輿的巡行活動。

不可諱言，雖然今日的神田祭論祭典的規模場面、歷史傳統、藝能特色，都遠不及關東地區其他具民俗文化財身分的同類型祭典來得突出，只不過，神田明神的信仰遠播及過去盛及一時的祭典榮景，讓現在江戶之子對於神田祭的熱誠不減當年。

宮本町會的町神輿。

為期六天的熱鬧祭典

每逢奇數年五月中旬，神田明神氏子信徒區人們無不滿心期待這一天的來臨。首先為週四登場的：揭開神田祭序幕的鳳輦神輿遷座祭，神職從本殿將神田明神供奉的大己貴命、少彥名命、平將門命三神的御神靈移置三座鳳輦神輿，為神幸祭的巡行氏子信徒區做準備。週五傍晚，各氏子町會備妥各自的大小神輿，安置於各地臨時搭蓋的神酒所等會所內，町會氏子身著整體的半纏服裝於會所，經由神職舉行儀式將神靈導入神輿，完成各町會神輿巡行的準備工作。

▼
兩百座以上的神輿在各町會氏子自主運作下，參加神田祭巡行活動。江戶人身穿精心設計的半纏祭典服及帥氣的祭典衣飾，展現江戶子「粋（いき）」的美感。

週六進行的「神幸祭」是神田祭核心的祭典，當日由一之宮鳳輦、二之宮神輿、三之宮鳳輦，以及諫鼓山車、獅子頭山車所組成的巡行隊伍從神田明神出發，浩浩蕩蕩巡行大手町、丸之內、神田、日本橋、秋葉原、築地魚市場等一〇八氏子町會，藉由神力潔淨這些神田明神的氏子信仰區域。

週日則是神田祭另一項祭典高潮「神輿宮入」，一〇八氏子町會各自抬出町會所有的大神輿、兒童神輿，穿著印有各町會紋樣半纏的抬轎成員，各個精神抖擻地抬行且搖晃神輿，熱絡的祭典氣氛感染了都會居民的生活。特別是將近百座的神輿分別朝神田明神前進，各町神輿於路程中相互競合、鼓舞、謙讓等互動，忠實將祭典是最佳區域感提升強化的功能表露無疑。數十座神輿在各自成員賣力搖晃抬行呈現的熱力祭典的氛圍，造就出神田祭特有的壯觀獨特的神輿群競合畫

淡路町一丁目神輿巡行的盛況。

面。

在兩場核心祭典相繼落幕後，週一、週二分別由金剛流薪能與表千家家元來進行奉納，週三集合一〇八町會重要信徒代表於神田明神社殿內，由神職舉行神田祭中最神聖重要的祭典「例大祭」。藉由獻饌、巫女舞奉納、祝詞奏上、玉串拜禮等神道儀式，以祈求庇佑、酬謝神恩。

東京魚河岸水神社加茂能人形山車。

1 淺草東町會町神輿。

2 淺草馬一町會町神輿。

淺草三社祭

每年五月中旬熱烈於淺草地區舉行的「三社祭」，為淺草神社的例大祭。三座本宮神輿與四十四個氏子町會各自的町神輿巡行，吸引各路江湖好漢參與其中，三天祭典參觀人數高達一百五十萬以上。

3 淺一三榮町會町神輿。

千葉縣南部傳承的江戶型山車。

江戶型山車的傳播

過去有一句俗諺說道「神輿深川、山車神田、山王樣的氏子區最大」，強調這三個江戶著名祭典各有的特色，今日來看，深川祭所呈現的龐大壯觀神輿景象依舊，山王祭的氏子區域也仍相當遼闊，至於原本以山車為主的神田祭則有很大的改變。那麼，今日還看得到江戶山車嗎？雖然，神田祭在戰前因社會結構改變及地震甚至戰爭的關係，導致多數山車被燒毀或遭變賣散逸，所幸至今為止，江戶山車的傳統仍未消失殆盡，有部分神田祭的山車及人形等附屬祭典器物隨著變賣，將當年盛極一時的江戶型山車傳統傳播至佐原、川越、秩父等關東近郊一帶，進而造就出佐原大祭、川越祭、秩父夜祭等著名的祭典。

這些祭典各自展現出江戶型山車蓬勃發展的光景，除了先後成為國指定重要無形民俗文化財，也同時在西元二〇一六年，以「山・鉾・屋台行事」名義入選聯合國教科文組織無形文化遺產。

川越祭囃子堤崎流的狐踊演出。

川越市的猩猩山車。

昔日盛行於江戶天下祭的山車傳統，因都會開發、戰火侵襲等影響，幾乎在東京市區消聲滅跡。所幸在關東近郊的佐原、川越、秩父等地，延續江戶型山車的祭典文化，成為今日一窺山車之美重要的寶地。

江戸型山車、神輿構成的粋之美。

山車群聚·佐原大祭

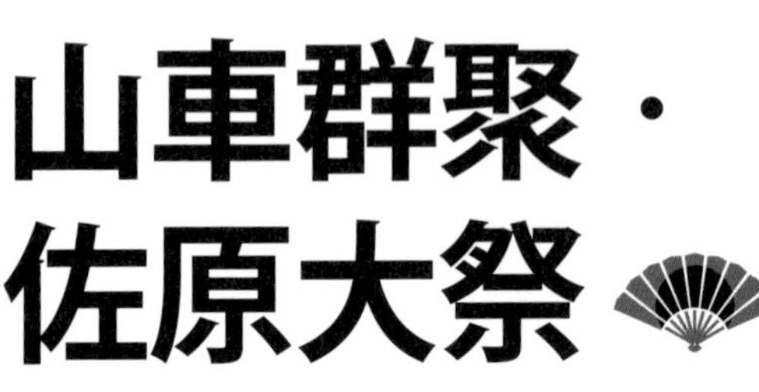

小江戶的水鄉風情

「想要見識江戶就來看看佐原吧，佐原遠非江戶所能比擬」這句話，相當生動地呈現佐原過去曾擁有的一片富庶繁榮的景象。這座水鄉小鎮位於千葉縣東北部，過去曾以佐原市之姿存在，但是西元二〇〇六年日本政府所推動的市町村合併政策下，佐原市整併成為千葉縣香取市的一部份，失去原有的獨立行政區體制。這座位於有「關東水運大動脈」之稱的利根川畔的城鎮，在江戶時代因商業交易活絡而造就佐原的繁華，故有下總國小江戶之稱。

小野川兩岸的佐原歷史街區。

山車前青春洋溢的手踊表演。

今日的佐原，隨著傳統內陸水運早已被便捷的鐵公路網所取代，而過去因水運轉運集散機能所成就的商業重地，已回歸成為一座寧靜愜意的關東近郊親水小鎮。只不過每逢盛夏七月、初秋十月，潛藏於這座小城鎮的江戶自豪感，隨著一台又一台華麗炫爛的山車，彷彿重現江戶時代佐原水鄉繁盛的光景。這場熱鬧繽紛的祭典稱為「佐原大祭」，是由夏季舉行的八坂神社祇園祭及入秋登場的諏訪神社祭典所構成。兩座神社分別坐落於利根川支流的小野川兩岸，右岸為八坂神社的氏子信仰區域，又稱為本宿地區，共由十個町所組成。左岸的十四町區域又稱新宿，信仰中心為供奉建御名方神的諏訪神社。

榮列關東三大祭

悠揚瀟灑的樂曲聲、華麗壯觀的大人形山車，是佐原大祭帶給世人的第一印象，那種視覺、聽覺等感官下的震撼及感動，相信正是數百年來江戶祭典之華的精髓所在。

目前，每逢盛夏七月中旬的周末前後三日，本宿地區的鎮守社八坂神社盛大舉行夏季祭典，船戶、下仲町、上仲町、荒久、本川岸、八日市場、浜宿、寺宿、田宿、仁井宿這十町，各自擁有一台山車。秋季祭典由佐原新宿地區的鎮守社諏訪神社主導，新橋本、下分、仲川岸、下川岸、上中宿、下宿、東關戶、西關戶、上新町、北橫宿、下新町、新上川岸、南橫宿、上宿、中宿各町分別派出山車，每年於十月中旬周末前後三日，除了中宿的桃太郎山車因破損嚴重無法參與山車拖曳巡行之外，十四台山車隊伍繞行這座保留江戶古風的水鄉城鎮市街的

巧匠精雕細琢的山車裝飾，呈現山車之美。

景象，讓佐原大祭與（埼玉縣）川越冰川祭、（茨城縣）常陸國總社宮大祭合享有關東三大祭之美譽。

佐原大祭的形成與利根川水運的關係相當密切，透過航運帶來的交流傳播之力，把當時流行於江戶的祭典文化引入佐原。其中最引人矚目的祭典特色，莫過於是山車、囃子兩大部分，佐原的山車不僅施以華麗的雕刻裝飾，山車上所裝置的巨大人形裝置，更顯出這場祭典的不凡。人形題材有神武天皇、天鈿女命、建速素盞鳴尊、瓊瓊杵尊、日本武尊等神話主角，諏訪大神、牛天神等祭神，以及浦島太郎、桃太郎等傳說人物，還有小野道風、菅原道真、源賴義、大楠公、小楠公等歷史豪傑，也有鷹、鯉等祥瑞動物。

佐原大祭秋祭諏訪神社設於市街內的御旅所。

▼
古色古香的香取街道上，停滿一台又一台的山車，山車上可見一片白色紙片，這是對捐金寄附信眾（御祝儀）表示謝意的海老紙。

佐原山車的特色

佐原的山車呈四輪二層的曳山結構，移動時採人力拖曳的形式，造型與江戶型山車略有不同。整台山車以堅硬的櫸木所打造，山車上層可見高達四、五公尺的巨型人形，多數出自江戶、明治時代江戶人形名匠之手，此外也有像八日市場、仁井宿兩座山車上採稻草編製的鯉、鷹，是匯集町內民眾之力所製成的民俗造型。

山車的下層部分，台座四周施以華麗細緻的雕刻，內部空間可供演奏祭典音樂的囃子成員搭乘。佐原囃子為當地特有的一種祭典音樂，數位吹奏篠笛的樂手，搭配著大鼓、小鼓、大太鼓、締太鼓及鉦等節奏樂器，構成的一種獨特的祭典音樂，其歷史可上溯到戰國時代，在江戶的田樂、猿樂、神輿囃子等音樂的薰陶孕育下，佐原囃子伴隨著佐原大祭的發展而興起，目前約有數十首曲目，根據樂曲性質可分成役物、段物、端物三大類。輕快的節奏加上雅緻的樂風是佐原囃子的一大特徵，故與神田囃子、京都祇園囃子並稱為日本三大囃子。

跨坐在山車上演奏佐原囃子的藝座連成員。

佐原山車巡行於河岸之夜景。

佐原大祭上宿區源義經山車。

佐原山車

上層設置巨型人形，下層搭載約十五名下座連囃子演奏成員，為佐原山車的特色。祭典期間，具有國指定重要無形民俗文化財榮譽的佐原囃子悠揚悅聲，飄揚整個下總國小江戶。

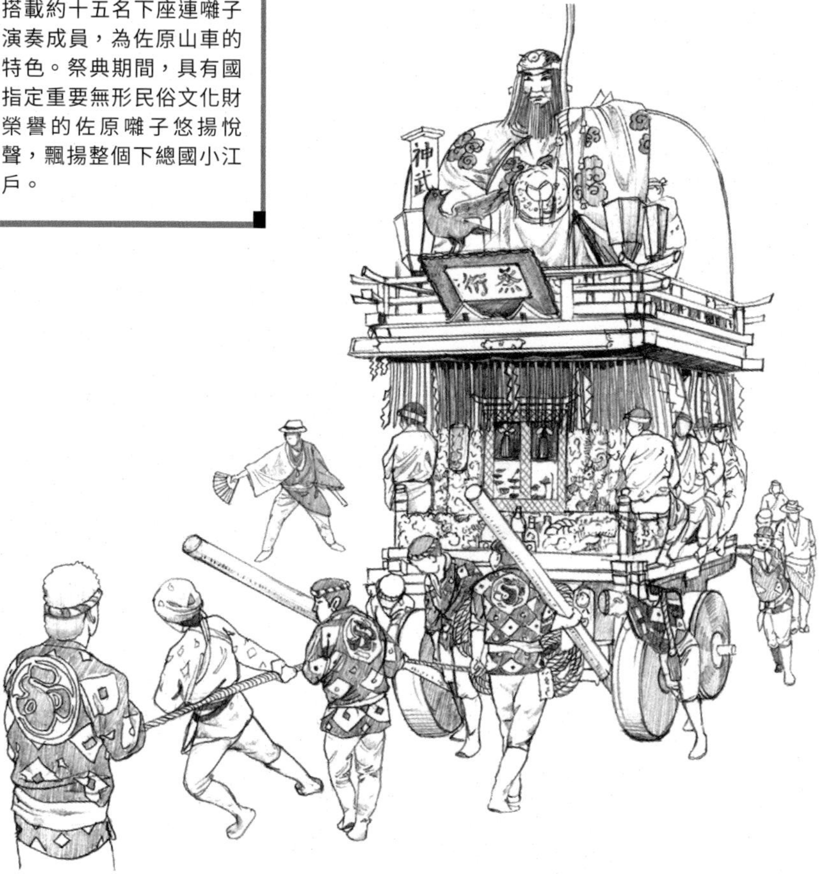

江戶時代佐原在得天獨厚的條件下，以山車、囃子為核心的祭典文化得以蓬勃發展，各町不僅從江戶名匠購得山車上的大人形、裝飾物，營造祭典氣氛要角的樂曲發展，在吸收當時蓬勃流行於江戶的傳統曲藝的元素下，佐原囃子不僅於音樂上構成獨特的風格，樂曲聲在佐原大祭中也具備潔淨、驅邪等儀式功能。這樣的祭典文化不僅在一年夏、秋兩季的佐原大祭中登場，也影響到周邊如潮來市、鹿嶋市、行方市甚至成田一帶的祭典，形成了佐原風格的山車文化圈。

佐原大祭呈現的地方特色及代代相傳的文化傳統，成為了關東地區最具代表性的山車祭典。特別是受到江戶文化影響且融合當地傳統構成的佐原祭典文化，讓佐原大祭在西元二〇〇四年以「佐原の山車行事」之名，被日本政府指定為國重要無形民俗文化財。並且在西元二〇一六年以「山・鉾・屋台行事」申請世界遺產之一的身分成為了聯合國教科文組織的無形文化遺產。

潮來祇園祭禮的扇子踊。

潮來山車。

佐原鄰近的潮來濱一丁目神功皇后山車。

北橫宿日本武尊山車巡行佐原市街一景。

體驗江戶懷舊風情

每年夏秋二季，十台、十四台佐原山車在身穿色彩鮮豔半纏，身手俐落的祭典男女拖曳下，時而緩緩徜徉前進，有時則急速迴轉、旋轉於佐原古色古香的街道某處。或者可見山車隊伍停歇，祭典男女來到山車前，手持扇子配合的樂曲聲手舞足蹈，這也是佐原祭典的一面。手古舞是流行於關東一帶的祭典舞蹈，佐原大祭中的手古舞不分男女老幼，這種具歡慶及感謝的舞蹈，讓佐原大祭的內涵更顯豐富多樣。

只不過這場祭典的魅力不僅如此，佐原水鄉的歷史背景，造就出這座因航運交易而致富的小鎮，江戶時代繁華一時的榮景，今日在佐原市街上仍留下不少歷史的蹤跡。譬如在小野川沿岸的香取街道上，即保留了西元一七九三年興建的伊能忠敬故居，這位精確描繪出《大日本沿海輿地全圖》這張日本最

早地圖的商人、測量家伊能忠敬（一七四五—一八一八），便生活於佐原水鄉的小野川河畔。

此外在小野川與利根川交會前的這段通往江戶水路的交會沿岸，還保存了數十間維持江戶中晚期店鋪街屋的風貌，除了個別具備文化財身分，全區在西元一九九六年被日本政府選定成為關東首處的國家重要傳統建築群保存地區。

上中宿「鎮西八郎」源為朝山車出庫畫面。

佐原大祭新橋本區小野道風山車。

當大祭的山車在祭典男女拖曳前導下，華麗壯觀的大人形身影、小江戶往昔的商家市街、還有悠揚樂風古樸的囃子聲。每年七月、十月的佐原大祭，曾經不可一世的江戶天下祭光景，宛如坐時光回溯機般重現於佐原小鎮，這一天當你來到佐原，相信更可體會「想要見識江戶就來看看佐原吧」這句話的道理。

佐原山車本體以關東雕的技法，將日本神話、太閣記、三國志等故事，生動華麗的雕鑿在山車上。巨大厚實感十分的大人形以日本神話或歷史人物為題，尺寸堪稱日本第一。

佐原大祭新上川岸牛天神山車。

世代傳承的祭典，將先民的文化素養及生活智慧傳遞下來。對現代人來說，祭典的參與，讓人與人的距離拉近，喜悅、感動及一身帥氣祭典勁裝，更是日本祭典的標誌。

重達四噸的山車在狹小道路上曳行迴轉為佐原山車特有的作風。之字迴轉前先確認路面狀況。

執扇進行行進次序指揮。

民眾對祭典的情熱與熱愛表現在各個細節。

日本三大的文化考

三是充滿魔力的數字，早在古希臘時期，哲學家畢達哥拉斯就將三視為最完整的數字，又像是基督教三位一體的神觀，佛教的三尊佛尊像配置，還有道教三清、三界的祀神組合，這些體現於宗教崇拜的信仰表徵，都顯示出「三」具有的尊貴性。

在日本，比起容易呈現比較、對立關係的二，「三」這個數字廣受民間大眾所歡迎，特別在將複數以上的同類型事物匯集成一總稱的名數文化中，單從日本史上就充滿了琳瑯滿目的三大之說。像是被譽為「三筆」的空海、嵯峨天皇、橘逸勢，還是織田信長、豐臣秀吉、德川家康構成的「戰國三英傑」，德川「御三家」、「御三卿」則是地位僅次於德川將軍家的旁系世族等，都是以三位人物構成的組合。當然談到三大的日本文化，有更多的事物排比，像是日本神話的天孫降臨之說，由瓊瓊杵尊交給天照大神的鏡、玉、劍「三種神器」，成為歷代天皇繼承象徵的信物。再者，還有賢所、皇靈殿、神殿這三座合稱「宮中三殿」的皇室祭祀場所，也是由三座具代表性的建築物所構成。

天橋立旁的古剎成相寺。

日本三景之一的天橋立，位在京都府北部的宮津市，是一道連接宮津灣與阿蘇海的沙洲。其自然景致之美的傳頌，早出現於平安時代的百人一首，宛如高掛天際的梯子而得名。

坐落於松島，創建於西元八○七年（大同二）的五大堂。

當「三○○」提升為「三大○○」，甚至以「日本三大○○」來相稱之下，更突顯這三項同類型組合是令日本引以自豪之物，譬如大家耳熟能詳的「日本三景」，也就是將位在廣島的宮島（嚴島）、京都的天橋立及宮城的松島視為日本美景之最的說法，出自江戶時期儒學者林春齋的《日本國事蹟考》一書。這三項人人知曉的風景名勝，在西元一九五五年還被政府指定為特別名勝。除此之外，日本三大名城、日本三大史蹟、日本三大名園、日本三大瀑布、日本三大夜景、日本三大溫泉或是三大秘湯等，各式各樣的日本三大或三大之說，在日本人生活之中廣泛被使用，一般理解為針對同類型中最優秀或具代表性的事物的一種排比，只不過究竟「三大○○」、「日本三大○○」文化究竟有多少公信力，實在難以輕易論斷評論，甚至連這些說法因誰而起、以甚麼基準

松島位於日本東北地區，是由宮城縣松島灣內外兩百六十多座島嶼所構成的自然景緻區。歷代以來，眾多名人雅士照訪松島傳說松尾芭蕉走「奧之細道」來到此地，被松島驚人的奇景感動而詠不出句來。

宛如海上龍宮般壯麗優美的嚴島神社。

認定都不容易回答。但是這種流傳於民間社會的三大說法，卻成為一般世俗評斷各種類型事物的依據，也常成為外國人認識日本各項文化最速食簡便的參考。

也因此，「日本三大祭典」之說，便成為初次踏入日本祭典世界重要的捷徑，由京都祇園祭、大阪天神祭與東京神田祭構成的「日本三大祭典」，是日本民間至今對於三大代表祭典最廣泛流傳之說，當然其中不乏有存疑者，畢竟各地祭典都是在地文化極致的展現，在不同的歷史背景、社會環境及發展生態下所發展成形的在地祭典之華，實在難以個別排名論斷優劣高低。

然而，祭典的三大並非不僅止於三大祭典，對祭典數量高達三十萬以上的日本列島，還有：日本三大美祭、日本三大曳山祭、日本三大燈籠祭、日本三大囃子祭、日本三大奇祭等依據不同的祭典類型所構成的三大之說。除此之外，大阪

日本三大祭

京都祇園祭
大阪天神祭
東京神田祭

日本三大美祭
三大曳山祭

岐阜高山祭
京都祇園祭
埼玉秩父夜祭

日本三大提燈祭

秋田竿燈祭
二本松提燈祭
尾張津島天王祭

日本三大囃子

神田囃子
祇園囃子
佐原囃子

日本三大奇祭

富士吉田火祭
諏訪御柱祭
生剝鬼節柴燈祭

地區將愛染祭、天神祭、住吉祭稱為「大阪三大夏祭」，同樣地在東北，也將仙台七夕祭、青森睡魔祭、秋田竿燈祭這三場人氣最旺舉行於夏日的祭典，稱為「東北三大夏祭」。

六章

關西的十日惠比壽與追儺式

TOUKAEBISHI

祈吉納福的緣起二福神御面掛飾。

春之祭典

福神惠比壽

新年納福迎春，節分追儺祈福，是日本傳統社會迎新賀正最重要的兩大節慶祭典，在新春時節繽紛喜慶的裝飾中，就以那位福態笑容滿悅的福神惠比壽最讓人印象深刻。惠比壽是日本民間超人氣的福神，頭戴風折烏帽子、身穿狩衣、右手持釣竿、左手抱鯛魚的形象，正是人人所熟悉的惠比壽，同時也是廣受崇信的漁業、商業之神。

「惠比壽（Ebisu）」一詞帶有從遠方而來的粗野事物之意，也因此，對於海上的漂流物、屍體，也會以惠比壽相稱。如此的信仰取向發展出漂流神信仰，將惠比壽視為來自大海遙遠對岸的神祇。我們從惠比壽之名，亦可寫成「惠比須」、「夷」、「戎」、「胡」、「蛭子」等多樣的稱法，更可感受惠比壽信仰在日本民間的蓬勃景象。

那麼，究竟惠比壽是甚麼樣的神，在日本民間流傳數種不同之說。一說認為惠比須是日本神話開天闢地父母神伊邪那岐、伊邪那美之子，由於惠比須年滿三歲雙腳仍無法站立行走，便被放置於葦舟而流放大海，日後漂流上岸成為了福神惠比壽。另一說指出惠比壽是日本神話中掌管土地之神的大國主神之子，也有部分地區將惠比壽視為海上的漂流物或鯨魚崇拜所發展轉化而成的信仰，由此可見惠比須信仰具有的多層性格。

不論惠比壽是伊邪那岐、伊邪那美之子，或是大國主神之子，基本上都出自日本神話脈絡之下。只不過大家是否有發現，比起伊邪那岐、伊邪那美、天照大神等開闢天地的父母神、至高的皇祖神，還是木花咲耶姬這位美麗的富士山女神，惠比壽的形象顯得通俗深植民間。這是因為，惠比壽信仰除了在神道之外，也跟

▲
緣起二福神御面掛飾、熊手、多福寶船等琳瑯滿目充滿喜氣祝福的物品，在日本稱為緣起物，也就是我們於新春年頭也會購買的吉祥物。祈吉納福之心萬國共有。

大黑天、昆沙門天、弁才天、壽老人、福祿壽、布袋尊構成日本最具代表性的福神組合「七福神（Shichihukujin）」，而惠比壽還是唯一來自日本的福神。七福神信仰下的惠比壽，信仰屬性上帶有佛教色彩，也因此，對神佛形象的呈現比起神道來得具象，這點也成為了惠比壽信仰的一大特色。

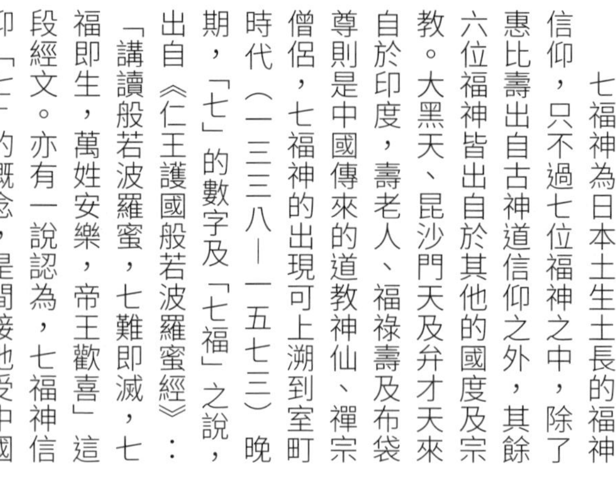

廣受歡迎的七福神

七福神為日本土生土長的福神信仰，只不過七位福神之中，除了惠比壽出自古神道信仰之外，其餘六位福神皆出自於其他的國度及宗教。大黑天、昆沙門天及弁才天來自於印度，壽老人、福祿壽及布袋尊則是中國傳來的道教神仙、禪宗僧侶，七福神的出現可上溯到室町時代（一三三八—一五七三）晚期，「七」的數字及「七福」之說，出自《仁王護國般若波羅蜜經》：「講讀般若波羅蜜，七難即滅，七福即生，萬姓安樂，帝王歡喜」這段經文。亦有一說認為，七福神信仰「七」的概念，是間接地受中國「竹林七賢」影響所致，構成以「七」為基數的福神文化。

七福神信仰在進入江戶時代後，信仰內涵逐步藉由造型及行為層次而根植於常民社會。如十七世紀成書的《日次記事》內容，即清楚描述町眾百姓逢正月新年前往供奉惠比壽、昆沙門天，或是弁才天等福神寺院求取吉祥物的景象，其中又以七寶與寶船最具代表性。

所謂的七寶是指：米、珍珠、金銀、鑰匙、隱笠、隱簑及小槌等七種具吉祥寓意之物。民間透過繪畫或造型等表現方式，除了製作出表現人類欲望及心願的七寶吉祥物，一方面也將滿載七寶或七福神的船隻造型稱做「寶船」，是日本民間每逢正月初二的初夢行事，以及新年期間最充滿吉祥祝福的吉祥物。

由於福態喜氣十足的惠比壽信仰在日本民間最為普及，導致七福神信仰仍以惠比壽為代表的情形多見。人們往往在正月新年萬物更新的氣氛之中，前往鄰近或著名的七福神寺院或供奉惠比壽的神社巡拜祈願，求取七福神、寶船、七寶等造型的吉祥物以求個好兆頭。

福神惠比壽、大黑天的御神符。

氏子信眾獻上滿滿的米俵，
感謝福神惠比壽庇佑。

供奉惠比壽大神（蛭兒大神）、天照大御神、大國主大神、須佐之男大神的西宮神社。

關西地區的十日戎

在素有天下台所之稱的大阪，於江戶時期可謂全日本最重要的商業之都，來自各地的物產在此集散再運送到各地，造就了關西地區的繁華富饒景象，也因此，當地對招財納福的惠比壽信仰相當崇敬。另一方面，惠比壽的信仰中心就位於大阪近郊的兵庫縣西宮市，這座西宮神社主祀惠比壽大神，是全日本四千座以上主祀惠比壽的神社總社，傳說惠比壽神像海漂到今日神戶的和田岬一帶，漁民拾獲並在惠比壽神意指引下，擇西宮之地創社鎮座，從此惠比壽神威遠播，成為了漁業、商業的守護之神。

惠比壽信仰隨著大阪、神戶等關西一帶繁華的商業導向，成為當地民眾最崇信的福神。在每年正值新年落幕的正月十日前後，以供奉惠比須為首的西宮神社、今宮戎神社等地，皆會舉行「十日戎（Touka-Ebisu）」的祭典。

其中，西宮神社的十日戎祭典

十日戎期間的西宮神社擁進大量參拜人潮。

規模為全國最大。這場年頭的祈福祭典，共由一月十日「本惠比壽日」及一月九日「宵惠比壽日」、一月十一日「餘福日」的前後二日所構成。

十日戎一詞，源自十日為惠比壽祭典日之故，特別是關西地區的民眾，將十日戎視為歡度新年節慶的休止符。在歡度新年假期即將落幕的前夕，民眾來到惠比壽跟前，向這位超人氣福神祈求商賣繁昌、大漁滿足、家內圓滿等心願，以儲備面對新的一年一切挑戰的力量。這樣的習俗造就出關西地區於十日戎期間呈現的繁盛熱鬧的祭典景象。

迎新・祈福・討吉利

西宮神社的十日戎，據說這三天共吸引百萬以上的民眾前來參拜，鄰近神社的阪神西宮車站，成為遠道參拜者最佳的交通方式。當一出車站映入眼簾的是參道兩旁擺滿了攤販，一路延綿到神社境內，這些攤販有像是章魚丸子、烤肉串、糖草莓、炒麵等食物，也有撈金魚、抽玩具、打彈珠，甚至可見祭典中偶爾出現的臨時鬼屋。

只不過這些是各地祭典中普遍可見的攤販型態，十日戎最具特色的攤販是販售惠比壽福神熊手、福笹，以及各種以惠比壽或大黑天等福神為主題的吉祥物，這樣的攤販擺滿了西宮神社四周。此日前來西宮神社參拜的民眾，無不紛紛挑選適合自家需求的惠比壽吉祥物，一時販售商家的叫賣聲，配合著神官輕揮祓串為民眾潔淨身心。再步入西宮神社本殿前，可看到拜殿內供

十日戎商家販售各種具有吉祥元素的物品。

滿了米俵、酒樽等奉納物，其中最令人矚目的是那尾巨大的鮪魚，這是漁民獻給惠比壽對一年豐漁的感謝。

十日戎祭典比起社殿內舉行的莊嚴肅靜的神事祭儀，迎新喜氣的新年氣氛搭配著熱絡繽紛的各種參拜及奉納作法，譬如將錢幣黏貼於奉納大鮪魚上，或是向神社或一旁販售福神吉祥物的業者，購買熊手、福笹及各種福神惠比壽吉祥物等行為，是十日戎最大的特徵。

祈求商賈繁盛的特殊供品「御掛鯛」。

其中，「福笹」是十日戎最具代表性的吉祥物，在一枝帶有潔淨、繁衍、靈力象徵的青竹枝上，綁著稱為吉兆的如古錢幣造型的大小判、大福帳、金槌、鯛魚等物，民眾於十日戎祭典上購買取得後，帶回家放置於神棚旁，討個吉兆並祝頌一年的好福氣。

民眾將錢幣黏於奉納大鮪魚上。

西宮神社的福笹、吉兆等緣起物，吸引各地信眾遊客爭相前來購買，為新的一年開啟吉利之兆。

惠比壽總本社西宮神社十日戎

十日戎祭典的三天期間，神社宛如過年般的熱鬧喜慶，九日的宵惠比壽有來自有馬溫泉的藝妓們舉行獻湯式，將有馬的天然溫泉獻給惠比壽。當日午夜，西宮神社神門緊閉，這儀式實為鎌倉時期傳承至今的「居籠」，象徵迎接大祭來臨的一種宗教性潔淨轉換。

十日清晨於社殿內舉行莊嚴神聖的「十日惠比壽大祭」，大祭神事祭儀落幕後，神社境內早已擠滿了參與「開門神事福男選拔」活動的人潮，六點一到，表大門一開啟瞬間，只見一群滿男壯丁朝社殿狂奔而去，最先抵達社殿者即獲選為本年度的福男，獲得福神一年特別的眷顧守護。

最後一日稱為餘福日，若錯失一月九日、十日的民眾，會利用這一天來到西宮神社祈求惠比壽賜福，除了來到社殿前賽錢拍手向惠比壽大神祈求，也能進入殿內接受神官、巫女的特別祈禱，更重要的是為家庭購置福笹、熊手及惠比壽神符、御守、擺飾等各式吉祥物品，為新的一年獻上最深的祝福。

十日戎祭典例行的福男選拔。

巫女持神鈴進行清祓儀式。

十日戎擺攤的招福店鋪群。

▲
十日戎祭典的三天，西宮神社境內擁入百萬參拜人潮。社殿內舉行著神式祭禮，有馬溫泉藝妓與旅館業者，也會到社頭前舉行「獻湯式」以酬謝神恩。

驅邪迎福的追儺式

在依舊施行傳統舊曆的年代裡，節分等同於送舊迎新的「大晦日」，也就是我們所熟悉的舊曆除夕夜。雖然目前日本已改曆成太陽太陰曆，不過傳統如追儺、撒豆，或是在家門口插沙丁魚頭來避邪等習俗依舊完整獲得保留，當中又以驅邪招福的「追儺」儀式最具特色，幾乎成為了節分的代名詞。

相較於日本正月年頭納福喜慶的「十日戎」，每年二月三日（或二月四日）為和曆特有的「節分」雜節之日，為日本民間接續正月新年後，另一場盛大的歲時祭典。過去所謂的「節分」，指的是立春、立夏、立秋、立冬等季節轉換的前一日，今日則只將一年之始的「立春」前日稱為節分。

追儺式的起源

關於追儺式的源頭，據說可上溯至中國古代的年俗活動，是當時每逢除夕夜為迎接新年所舉行的一項驅邪除穢的宗教儀式。而這項習俗傳入日本的時間點，根據《續日本紀》的記載推測，即有可能回溯至文武天皇當政年間（六八三年—七〇七年），到了平安時期（七九四年—一一八五年），更成為宮中大晦日夜晚定期舉行的重要行事。

一方面，自中國傳入的追儺，在陰陽道與在地文化的影響下發展且變化。如原本追儺中屬於無形的邪氣、災害之表現，在受到日本文化對鬼怪賦予的牛角、虎牙等刻板形貌影響下，產生出今日所見高大壯碩、虎背熊腰的鬼形象。再者，陰陽五行之說也間接反映在金色的四眼方相氏，或是分別呈紅、青、黃、黑等膚色的鬼怪上。

▼ 象徵邪氣災害的鬼面具。

追儺師朝五方射箭結界、驅趕邪氣。

自平安時期以來，追儺式大致先由人戴上面具來扮鬼，再由追儺師、法師等人物手執桃木弓箭擊射，象徵驅邪除穢趕走鬼魅。不過如此追儺式的基本模式，發展到室町至江戶時期之間，民間開始流傳以豆子丟灑鬼目即可達到驅邪除厄之說，此傳承隨著時間積累逐漸擴散，進而成為庶民大眾節分期間共通的歲時行事。

赤鬼為民眾除穢祈福。

象徵貪欲的赤鬼持點燃的松明闖入。

京都廬山寺的追儺式鬼法樂

目前，這兩種追儺形式並存於日本各地，每逢節分之日，各地主要的寺院或神社紛紛舉行追儺灑豆儀式，譬如千葉縣成田山新勝寺每年邀請NHK大河劇主角及著名相撲力士、歌舞伎演員來撒豆，京都的八坂神社則每年由四大花街舞妓、藝妓前來舞蹈奉納及撒豆，皆吸引眾多人潮前往參與。

追儺式隨著各社寺傳承所展現的形式差異不小，位於京都御苑旁的天台宗寺院廬山寺，每年節分舉行名為追儺式鬼法樂，在號稱有千年以上追儺傳統的京都寺社中富有盛名。這場追儺式每年例行於節分當日午後舉行，首先由樂者吹奏法螺、笛、笙等樂器，引領追儺師、蓬萊師、降魔面持者、獨鈷三鈷持者、福娘、年男、法師等人眾羅列入殿，隨即由大法師主持節分護摩法會來祈求除厄開運。

白鬼持劍、松明為民眾加持。

當大法師端坐於大壇進行護摩法會途中，三位分別代表人類的貪欲、嗔癡、愚痴三大煩惱的赤鬼、青鬼、黑鬼，雙手分別持火炬、寶劍、大斧與大槌等物，應和著太鼓節奏聲，手舞足蹈的闖入寺殿，企圖擾亂祈福護摩法事來影響人們一年的運勢。

此時，追儺師手持桃木法弓，分別朝東、西、南、北、中央等五方射箭，將三位帶來邪氣的惡鬼降伏。接著，法師、福娘再朝三鬼拋灑豆子、福餅，口中並大聲誦念著「鬼は外，福は内」（鬼出去，福進來）口號。一時之間，惡鬼紛紛落荒而逃，那具有退散惡鬼力量的豆子，也成為了招福除厄的「福豆」，廬山寺還會特別準備福餅及名為蓬萊豆的食物，藉此象徵招福驅邪之意。

◀神鬼交鋒的追儺式，除了仰賴追儺師、蓬萊師等高僧法師幫你驅邪迎福，例如廬山寺授與的蓬萊豆、惠方卷，四条壬生川通幸福堂的幸福餅，都是另一種味覺的追儺行事。

長田神社古式追儺式

在兵庫縣神戶市的長田神社，也傳承了形式風格極具特色的追儺式，這項祭典的歷史發展根據當今傳世的鬼面推測，至少有三百年以上的傳統，在西元一九七〇年（昭和四十五）被兵庫縣以「長田神社古式追儺式」之名指定為無形民俗文化財。

長田神社的追儺以保存古風著稱，在神戶這座充滿著異國風情、港灣及時尚印象濃厚的城市裡，每年逢節分之日，七位鬼眾持火炬（又稱松明）豪邁威武地踏踩步伐，藉由大刀砍斷不祥之氣，驅邪賜福給民眾的這項追儺，成為神戶這座城市的傳統風貌。特別是在各地的追儺式紛紛為提升人氣而調整且簡化儀式之際，長田神社維持著祭典傳統的一面。

這場追儺登場的鬼共有七位，分別具有餅割鬼、屁股錐鬼、一番太郎鬼、赤鬼、青鬼、姥鬼、呆助

以齋竹、紙垂布置而成的追儺式會場。

鬼的稱號，不僅鬼面造型相異，全身衣物的用色也不同，這裡的追儺除了這七位扮鬼的鬼役角色，還有負責交付太刀給鬼役的大刀役、照料大刀役的肝煎，以及執掌儀式流程的指導役、世話役等職務。

1 一番太郎鬼。

2 餅割鬼。

3 呆助鬼。

4 姥鬼。

5 赤鬼。

祭典各種準備在一月下旬即展開，節分一早，扮演鬼怪一行來到海邊下水淨身，這是具禊之稱的神道潔淨儀式，接著先來到鄰近長田神社的福聚禪寺，與大刀役、肝煎等祭典人員會合，並於寺院內稍作練習。

午後，眾人回到長田神社，七鬼持稻草點燃的火炬(又稱松明)，配合著法螺貝、大鼓的聲響，緩緩登上神社臨時搭設的舞台。其中，首先登場的是一番太郎鬼，接著依順序為赤鬼、姥鬼、呆助鬼、青鬼，各位頭戴鬼面的人員應著鼓聲擺動火炬踏步舞動。再由餅割鬼、屁股錐鬼持火炬、木斧、木槍登場，在台上威武的行進舞動，接著五鬼再度上台共同舞動後，將手上火炬丟棄後退場。這場追儺式最後由餅割鬼、屁股錐鬼來到神前舞動，並將備妥的日月餅、十二個月餅敲碎分割後落幕。

除了這些在寺院、神社舉行的

扮演鬼眾的大刀役、肝煎等祭典人員入場。

節分習俗，每逢即將立春的節分這天，各家庭也會在自家中準備著豆子，一邊念著「鬼在外，福在內」，一邊朝室外內拋灑豆子，以達到驅邪迎福之意。同時，人人也會食用與自己實際歲數或虛歲數等量的豆子，據說可達到祈吉除災的功效，這是日本人透過惠比壽祈願、追儺驅邪納福兩種形式以順利開始一年之春的祭典文化。

▼
節分為日本民間重要的一項歲時行事，在進行立春前夕，不論神社佛寺，皆會舉行追儺式、撒豆的活動。在各家庭也會應景撒豆、招福，歡度這個傳統節日。

高僧撒豆來驅邪迎福。

七章
名古屋的熱田祭及
周邊的山車祭典
ATSUTAMATSURI

愛知縣擁有豐富多樣的祭典山車文化。

夏之祭典

擁有深厚歷史文化的名古屋

名古屋在日本是僅次於關東的東京、橫濱及關西首府大阪的一大都會，只不過對多數的外國人而言，名古屋的知名度似乎遠不及總部設在鄰近城鎮豐田市的TOYOTA。名古屋市地處日本列島中央的中部地區，亦有東海地區之稱，是一座人口高達兩百三十萬的現代化都市。設於愛知縣的名古屋為該行政區的第一大城，鼎鼎大名的豐田汽車多數的工場及相關產業建設集中於愛知縣一帶。此外，預計於西元二〇二七年啟用，時速高達六百公里的磁浮新幹線終點站也在名古屋。工業、高科技及製

聞名遐邇的舊官幣大社熱田神宮。

活靈活現的山車機關人偶演出。

造業蓬勃發展的愛知，成為今日世人認知下的名古屋印象。

名古屋之於愛知，構成相當微妙的關係，身為首府的名古屋知名度遠大於愛知，只不過，名古屋僅是愛知的第一大城，愛知的範圍除了今日的名古屋及周邊範圍舊稱的尾張，還包括了東邊那塊孕育眾多戰國英豪的三河地區。以名古屋為核心所形成的生活圈，成為東海地區最繁華的區域。在明治時代，因地處京都、東京之間，故又有「中京」之稱。

回溯這裡的過去，曾存在一段光輝顯赫足以撼動日本的歷史，舉凡鎌倉幕府的首任征夷大將軍源賴朝，以及終結亂世紛爭的織田信長、後繼達成天下一統的豐臣秀吉都出身於今日的名古屋。除此之外，開啟江戶時代的德川家康與當時將近七成的大名，分別出身於舊三河國、尾張國構成的愛知縣，顯示這座城市不凡的歷史地位。

地位崇高的熱田神宮

八咫鏡、天叢雲劍、八尺瓊勾玉為日本創世神話中象徵歷代天皇正統皇權的傳世信物，一般合稱為三種神器。這三件神秘尊貴的寶物，傳說是天孫降臨之際，瓊瓊杵尊從天照大神手中接獲的鏡、玉、劍三件神聖之器；八咫鏡被供奉於宗教地位最崇高的神社伊勢神宮，八尺瓊勾玉則安放於天皇居住的皇居，至於天叢雲劍則供奉於名古屋的熱田神宮。

據說，在景行天皇的時代，東征後的日本武尊將神劍交由其妻宮簀媛命保管，在日本武尊死去後，宮簀媛命將這把又名草薙劍的天叢雲劍安奉於熱田之地，開創熱田神宮的信仰崇拜。這座位在名古屋南部熱田台地上的神宮聖域，歷代以來吸引上至皇室貴族、下及庶民百姓的崇信。現今，每年參拜者達六百五十萬之多，顯示這座曾經具

熱田祭

官幣大社社格的熱田神宮，早已是日本人重要的心靈原鄉。

創建至今已有一千九百年歷史的神宮聖地，除了有繁茂森林構築出莊嚴聖潔的神域，與伊勢神宮相同的神明造本宮建築，更顯出熱田神宮崇高的宗教位階。在熱田的神域內，終年有六十場祭典接連登場，此外，還有十餘場特殊的宗教儀式，其中，又以六月五日舉行的例祭不僅規模盛大且最為神聖隆重。

▲
熱田神宮大宮司著正裝率領神職往社殿前進。

天皇敕使與御幣物抵達熱田神宮。

穿浴衣參加祭典是夏日最令人期待的約會。

日夜皆精采的祭典盛況

熱田神宮的例祭又稱為熱田祭、尚武祭，祭典當日，天皇派遣下的敕使攜帶著御幣物抵達熱田神宮，隨後偕同熱田神宮神職、氏子一同出席本宮社殿前所舉行的神道祭儀。在宮司奏上祝詞後，敕使獻上天皇陛下奉納的御幣物，再奏上御祭文，祈求皇室彌榮、國泰民安。除了於神前所舉行的莊嚴神聖祭儀，氏子信徒也會各組成獅子舞、御輿行列，浩浩蕩蕩來到熱田神宮參拜及奉納藝能。

不過例祭不僅止於此，熱田祭的另一面，又強烈呈現人神同歡的祭典面貌，這一整日的祭典期，在神宮境內各場所設施中，同步舉行了演藝、文藝、弓道、相撲、柔道、劍道、棒手、太鼓、熱田神樂等各種藝能的奉納，還有獻茶祭、獻花式等祭儀。待太陽逐漸西沉，天色逐漸昏暗之際，神宮周圍擺起了數百攤的野台攤販，像是撈金魚、射

熱田祭的孩童獅子舞奉納演出。

傳承於愛知縣內的猩猩大人形。

氏子信徒獻酒於神前。

擊獎品、章魚丸子、今川燒、炒麵、巧克力香蕉甚至珍奇屋、鬼屋，這種祭典期間獨有的吃喝娛樂，只見個個身穿浴衣的民眾攜家帶眷前來享受難得的祭典野台的愉悅，眾人在野台攤販上感受難得的野台體驗。

入夜之後的熱田祭，又將呈現一般夜間祭典奇幻神秘的魅力，神宮入口鳥居旁，各擺放一座點滿三百六十五盞燈籠的卷藁獻燈，以祈求全年無痛無災。燦爛奪目的光源及卷藁獻燈特有的造型，溫暖了人心，帶給大家一股向上光明的力量。黑夜下，自然滿溢的神宮境內露出柔柔的燭光，穿過鳥居之後的參道兩旁，掛滿了一整列採和紙糊製的獻燈，氏子民眾將個人的心願祈求或感謝繪製於燈面，數千萬盞五顏六色的獻燈在入夜之後，一條宛如銀河般的燈籠燭光映照於參道上，為熱田祭營造出獨特的祭典氣氛。

每年達二十五萬人的熱田祭參拜人潮，成為名古屋入夏前最重要的一場祭典，熱田祭所呈現的季節感還不僅如此，在祭典特有的喧鬧氣氛中，突然，黑夜中開啟一朵朵五顏六色的牡丹、菊，又再轟隆巨響的瞬間，花雷、群峰、

熱田祭的卷藁獻燈。

昇龍火雷急速衝向天際，花火照亮了愛知首府的黑夜，彷彿正在宣告名古屋的夏季即將到來。

氏子信眾自製的彩繪獻燈。

入夜後熱田神宮周邊熱門的野台攤販。

巻藁船

卷藁船又稱提燈船，是一種特殊的祭典裝置。在一九七〇年代以前，熱田祭也有卷藁船的傳統，今日只剩尾張津島天王祭可見道地的卷藁船。

愛知山車祭日本第一

地處關東、關西之交的中部地區首府名古屋，除了擁有敕使親臨的熱田祭，近年來縣政府在文化財保護事務上，更籌組以「愛知山車祭日本第一」之名的協議組織，積極營造「山車」在名古屋為首的中日本地區具有的特殊地位。

山車為日本祭典中相當重要且顯眼的一種祭典裝置，目前傳承於日本列島各地的山車型祭典約有一千五百處，其中有一成分布於愛

近年在堀川上再現熱田祭卷藁船原貌活動。

知縣境內。就山車數量而言，愛知縣目前現存四百二十二座，數量也將近全國的一成之多，特別是裝載有機關人偶的山車數量，幾乎占全國山車數的六成以上。

此外，二〇一六年入選為聯合國教科文組織的無形文化遺產「山・鉾・屋台行事」，在從東北至九州共十八縣市的三十三項山車型祭典的提報對象中，光愛知縣就通過了「尾張津島天王祭的車樂舟行事」、「知立的山車文樂與機關人偶」、「犬山祭的車山行事」、「龜崎潮干祭的山車行事」、「須成祭的車樂船行事與神葭流」五處，顯示愛知山車祭日本第一的口號絕非浪得虛名。

也因此，雖然相較於民間口耳相傳的京都祇園祭、東京神田祭、大阪天神祭的日本三大祭之說，提起名古屋或是愛知縣，未有一處如日本三大祭般具代表性，只不過，山車不論在數量、普及度及類型上，絕對可說是這區最大的祭典特色。

愛知山車的文化傳統

山車的誕生，可溯及到京都祇園祭前身的祇園御靈會，作為都市祭典重要表徵的山車，在十五世紀中葉發生的應仁之亂後，山車隨著京都文化傳播到日本列島各地。各地伴隨著不同的祭典緣起、工藝技術、環境條件，發展出不同的山車文化，一座又一座耗資億萬高價，集各地工藝技術精髓施以雕刻、金工、編織等技術完成的山車，成為了祭典重要的表徵。

愛知縣一帶山車的源起如前所述，今日停止巡行移動的熱田天王祭的大山與津島天王祭的車樂可視為濫觴，只不過今日所見以搭載機關人偶的山車類型的出現及日後的蓬勃發展，主要出自於名古屋東照宮祭的影響。名古屋東照宮創設於西元一六一六年（元和二），江戶時代名古屋初代城主德川義直於德川家康死後興建以祭祀其父，而後

例年辦理祭典進行神輿巡行。當時民眾將能人偶放到台車上隨著神輿推行，構成了當地最早的山車雛形，隔年在機關人偶匠師的巧思製作下，完成當地最早的機關人偶山車，而後各町民眾相繼仿效，紛紛打造山車參與東照宮祭。這波的山車製作風潮也影響到當時的尾張、三河一帶的祭典。

雖然這座山車文化源頭的東照宮社殿及其山車，因二戰戰火而燒毀消失，但是這樣的傳統早已隨著文化傳播影響，根深蒂固於愛知縣各地開花結果。除了發展出名古屋型、知多型、犬山型、舉母型等樣式豐富的山車造型，各地傳承的山車不論就密度、數量也遠勝於日本各地。譬如名古屋市有三十六台，津島市二十五台、豐田市二十九台、豐川市三十台、蒲郡市三十四台，像是人口不到十二萬的半田市更擁有四十一台的山車。

▲ ▶
緊鄰名古屋市西部的枇杷島市場，每年六月上旬舉行西枇杷島祭，五台名古屋型山車巡行舊美濃路。精緻的人偶操作與朱紅色系的大幕配色，都保留名古屋山車的特色。

名古屋市東區筒井町湯取車。

相較於各地山車祭典文化蓬勃傳承的榮景，作為山車文化重要根源的名古屋東照宮祭，在今日祭典中已不見山車的蹤跡，所幸「湯取車」這台建造於西元一六五八年（萬治元）的東照宮山車，因西元一八三一年（天保二）轉讓給名古屋市請妙寺前地區的居民，作為當地天王祭的祭典山車之用，反而幸運逃過戰火的侵襲而傳世至今。

這部山車是名古屋地區現存最古老的山車，於西元一九七三年（昭和四十八）被指定為市有形文化文化財而保護，成為追憶名古屋東照宮祭山車發展盛期的重要證物。今日每逢六月初第一周末前後三日，舉行於名古屋市東區的筒井町天王祭中，可見這座古董山車與町內另一台名為神皇車的山車，一起緩緩巡行於街道。同時間，近鄰的出來町也舉行天王祭，鹿子神車、河水車、王羲之車三台山車同步巡行於圍繞注連繩的町內社區中，筒井町、出來町天王祭的登場，宣告名古屋夏季即將到來。

巫女人偶進行湯取神事。

乘坐於山車後方演奏祭典囃子的祭典女子。

筒井町與出來町的天王祭

天王祭一稱源自牛頭天王崇拜而來，名古屋一帶的天王祭是以津島神社為中心，於疾病容易滋生流行的春夏之交，各地的天王社無不舉行祭典，特別是透過山車巡行的方式，達到驅瘟去疫並祈求社會安寧。

筒井町的天王祭是由前夜祭、初日、樂日共三日所構成，出來町的天王祭則分成前日、後日。往年在祭典前一二週間，由當地居民組成的保存會即著手於各項準備工作，開啟山車庫確認山車及附屬零件的狀況，特別是東區這五台山車皆裝設有機關人偶，因此格外需要仔細確認並開始進行組裝。此時，山車巡行不可或缺的囃子祭典音樂，以及山車拖曳楫行的練習也分頭展開，山車文化傳統的傳承延續，仰賴著每年反覆不間斷的祭典技藝傳承與經驗傳遞。

筒井町的前夜祭又稱宵祭，傍晚在町內社區路上，隨處可見著鮮豔具古風祭典衣物的男女老少，人人無不興高采烈往山車本陣前進，在那聲宏亮畫過寧靜之夜的鼓聲響徹，悠揚嘹亮的笛聲傳來之下，象徵天王祭宵祭即將展開序幕。

此時，山車四周懸掛著白紅交雜的燈籠，營造出一股莊嚴神聖的祭典氣氛，那座三百多年前活躍於東照宮祭的湯取車，跟著另一座興建於西元一八一八年（文政元）的神皇車，在祭典成員奮力拖曳下，這兩高約六公尺、重達五噸的山車，在木輪聲、樂曲聲及祭典口號聲穿梭交會下緩緩前進。特別是裝置著燈籠下的山車宛如一座巨型燈籠，照亮街道每一角落，沿途住家紛紛於家門前迎接山車的到來。前夜祭的重頭戲是兩台山車於街頭碰面下，相互進行機械人偶演出的活動，藉此相互祈求町內居民無病息災、闔家平安。

1 名古屋型山車的內部結構。

2 山車準備換裝夜間巡行燈籠。

3 西元一七六一年製作的新出來町鹿子神車。

賣力的祭典小勇士。

初日的筒井町天王祭與前日的出來町祭典同時舉行，筒井町天王祭的兩台山車不同於前夜祭的燈籠裝飾，龐大的山車造型加上山車布幕展現得華麗裝飾美感，還有車上設置的機關人偶細膩的表演風貌，呈現名古屋山車具有的魅力。

出來町的三台山車則一早出發，在祭典委員長、長老、宰領、綱頭等職務的帶領，山車在楫方、腰廻、人形方、屋根係、囃子方、綱方等不同任務祭典成員的運行下，完如移動神殿的山車穿梭於町內社區大街小巷，沿途間機關人偶不時表演呈現，為民眾祈求平安及消除災難。

這天另一個焦點是前往町內須佐之男社進行奉納演出。山車在歷經一整日反覆行走於町內各處下，讓整個祭典氣氛沸騰起來，樂日也就是出來町天王祭後日這天，兩町五台的山車於上午十一點分別來到近鄰的德川園集結，這座名為德川

掛滿提燈的夜間山車巡行模樣。

園的地方，實為江戶時代尾張大名德川家的舊宅邸庭園。

這五台山車並列於三百年前創設名古屋東照宮，進而造就東照宮祭山車文化傳統的德川家傳世之地，具有十足的歷史意義，五台各具特色的山車分別進行機械人偶表演，彷彿讓時空倒回二百年前名古屋東照宮祭的當下，如此寶貴的歷史風景，讓今日已成為繁華都市的名古屋市街道再度感受祭典帶來的傳統文化魅力。

同一時間，名古屋市近郊人口不到二萬的西枇杷島地區也舉行天王祭，王羲之車、賴朝車、泰亨車、紅塵車、賴光車共五台的山車，延續著鄉村地區兩百年以上的祭典傳統。相同的是那豪華絢爛的山車造型、機械人偶動感趣味的技巧，以及充滿著想像的鄉愁與祭典情緒的囃子曲調，都是對名古屋、愛知的山車文化傳統最好的註腳。

徜徉於道路上的古出來町王羲之車。

祭典是最自然的社交親睦場所。

入夜前的山車燈籠景象。

八章

松尾大社御田祭與北野天滿宮瑞饋祭

ZUIKISAI

以義經、弁慶的「安宅之關」為題材的瑞饋神輿。

秋之祭典

京都的四季風情與祭典色彩

入冬嚴寒刺骨，進夏酷暑難耐，是京都氣候的一大特色。京都會下雪嗎？如果你曾造訪京都，相信會對雪白世界的京都充滿期待。位處日本列島中央地帶，相較於南邊的奈良、北邊的福井，不易下雪的京都，自古以來少有大量降雪、積雪的機會。只不過每年逢寒流來襲，那渾然天成，宛如名家風景畫作的金閣寺覆蓋白雪景象，還有隱約露出「大」字的雪白大文字山景，總成為各大媒體的頭條新聞。

京都四季分明的氣候，造就春、夏、秋、冬景致鮮明的風格，春天的到來，伴隨著櫻花的腳步來到，舊曆三月，京都盆地的氣溫一舉上升。圓山公園、祇園、醍醐寺、哲學之道、仁和寺等賞櫻勝地，終日湧進滿滿的賞櫻人潮。一方面，やすらい祭（yazuraimatsuri）、稻荷祭、松尾祭、葵祭、御靈祭等代表性的春季祭典接連展開，從百花撩亂的景致到爽朗宜人的新綠，適宜的氣候及豐富多樣的宗教祭典，構成古都之春特有的風物詩。

京都的夏天，在享有日本第一祭典美譽的祇園祭引領下，處處洋溢著熱鬧歡愉的氣氛，祭典期間特有的造型表現與繽紛色彩，將京都市街點綴得如詩如畫。那滿街響徹的祇園囃子與清脆響亮的鉦響聲，也為酷熱暑氣逼人的京都盆地帶來些許的涼意。此刻的京都似乎處處壟罩著祇園祭的色彩，而位在京都盆地西側，有西方王城鎮護社之稱的松尾大社，則為舉行「御田祭」而做準備。

松尾大社拜殿。

各種農作收成的奉納景象。

松尾大社。

分別持早苗、中苗、晚苗的植女。

松尾大社御田祭

重現傳統農作生活

御田祭亦可稱為御田植祭、御田植神事，是為農業豐作的祈願祭典，對於農耕民族的日本人而言，插秧、除蟲、收割等行為，並非只是單純的勞動過程，更存在透過行為模仿、曲樂吟唱以達到迎神降福的祭典儀式。松尾大社這座位於千年古都周邊，具千年以上歷史源流的神社，每年在六月、七月及十月，分別舉行御田植式、御田祭、拔穗祭等農業屬性的祭典。

特別是近代以前在六月二十三日舉辦，今日則以七月第三週日舉行的御田祭，是現今京都地區傳承最悠久的農作祭典。根據西元一三七六年（永和二）傳世至今的〈松尾社年中神事次第〉，顯示御田祭至少在七百年前就已存在。而根據江戶初期的古文書描述，指出祭典由下津林、上山田（現在的嵐山）、惣市三聚落各派出一名女童

雅樂開道下往神饌田前進的神職一行。

神職持榊枝為其他神職同仁修祓清潔身心。

擔任植女，植女身穿有打掛之稱的傳統禮服，配戴金銀飾品，頭戴花笠，身上擺紅白色的絹布，額頭塗上葵形的白粉，垂髮上以花櫛來裝飾。七百多年後的御田祭景象，宛如時空回溯般，祭典中的植女仍維持著當年古文書描述的衣著扮相。這份江戶時期的古文書接著在描述祭典過程寫到，三位植女在壯丁肩扛下進到社殿，從神職手中接獲稻苗兩束，接著由壯夫抱起後，跟隨著穿著素袍、持鍬的神職繞行拜殿三圈後，將神聖的早苗拋撒給民眾，據說這串稻苗具除蟲的威力。

傳承百餘年
不變的祈福心意

而今，這場被視為京都地區保留最古樸傳統的「御田祭」，被指定為京都市無形民俗文化財的祭典儀式，仍年復一年地在松尾大社及在地居民手中傳承延續。當你在七月第三個周日上午穿越大鳥居來到松尾大社，首先印入眼簾的，是拜殿上擺滿的各種當地收成的物產蔬果。不久後，當悠揚的雅樂聲傳來，宣告這場為祈求五穀豐收的祭典即將開始。

三位穿著打扮正如江戶初期描述下的御田祭祭典景象的植女登場，社殿內首先由宮司誦讀祝詞，巫女跳起豐榮之舞後，植女分別從神職手上接獲早苗、中苗、晚苗。再由壯丁肩扛起植女裝扮的小女孩，跟隨宮司、樂人及數名神職繞行拜殿三圈，一行來到神社南側的神饌田旁。將手中的稻苗交給神職

植女將稻苗交給民眾來耕作。

供於祭典台上，再由穿著農耕衣著的神職、巫女將稻苗插在神饌田四邊，最終是由神職持竹筒製成的除蟲工具，在田地四周各敲打三下，象徵驅趕將收成前一切害蟲，讓這塊田地的稻米能順利成長收穫。

這場透過神職所主持的神道宗教祭儀，配合數百年來延續至今的御田祭傳統，讓千年古都留下一面理解傳統社會於春夏期間，透過祭典儀式以求生業確保的精神。祭典本身所延續的形及心，也顯露出京都豐富多樣的祭典面貌。

神職於神饌田四周除蟲祈求豐作。

神饌田畔的臨時祭壇。

神職展開御田祭神事祭儀。

張燈結綵下的西之京御旅所。

北野天滿宮瑞饋祭

酷暑烈日連連的京都盆地，伴隨著為期一個月的祇園祭、松尾大社御田祭，以及地主神社、下鴨神社舉行的七夕祭、御手洗祭等祭典相繼落幕，正式宣告古都夏日即將結束。對京都人而言，夏秋之交的時節轉換，莫過於是盂蘭盆會後的五山送火。說來有趣，隨著大文字火炬燃滅的瞬間，那幅告別京都夏夜的歲時景色，帶走了古都凌人的暑氣，大步朝秋季邁進。九月份的八朔、重陽、觀月會等祭典率先帶給古都一絲秋意，「瑞饋祭」這場由北野天滿宮舉行，為期五天的祭典儀式，則正式為京都秋祭揭開序幕。位於京都市上京區的北野天滿宮，供奉學問之神菅原道真，為日本著名的天神信仰勝地，終年吸引無數的學生前來參拜。

瑞饋祭屬於北野天滿宮的秋祭，信徒藉此祭典感謝天神護佑五穀豐收。每年十月一日午後，

瑞饋神輿經過花街上七軒。

瑞饋祭的梅鉾。

由獅子舞、太鼓、導山、梅鉾及三座承載神靈的鳳輦神輿構成神幸行列，浩浩蕩蕩從北野天滿宮出發。途中行經氏子信徒區域來到位在西之京的御旅所，此時御旅所已擺上該祭典最特別的大神饌瑞饋神輿，並於駐駕期間舉行各種獻饌祭典。四日午後，三座鳳輦神輿在龐大的行幸行列引領下，還幸返回北野天滿宮。

瑞饋祭獅子舞為氏子京都最古花街上七軒茶屋的藝妓舞妓祈福除災。

豐收而感恩的慶典

「瑞饋祭」一詞的由來，源自在這場祭典中登場的那幾座使用芋莖及各種蔬果裝飾而成的「瑞饋神輿」，雖然名為神輿，但是這座神輿並非用來運載神靈，而只是由信徒奉納獻神的供品神饌轉變而成的大型供物。此外，瑞饋（Zuiki）的日文發音來自於主原料的「芋莖」，並與「隨喜」、「瑞氣」互為諧音，因而具備有吉祥喜氣之意。

瑞饋祭的緣起，可追溯到十世紀中葉的村上天皇時代，據說來自京都西之京地區的神職，從九州大宰府攜帶菅原道真神像回京都，始於秋季以蔬菜、水果、穀物等花草蔬果為供品，祭拜天神表達對該年豐作的感謝。而如此的祭祀作法傳承到十六世紀，發展出在台座上裝置蔬菜、水果製成的人物、動物造型，再綁上木頭抬行移動的形式，此舉可視為今日瑞饋神輿的原型。

到了江戶時期之後，接近今日所見的以里芋的莖部為神輿屋頂，利用各種花草蔬果來裝飾的瑞饋神輿正式誕生。瑞饋神輿是以里芋根部裝飾屋頂，蔬果穀物作為神輿柱部、瓔珞，並以人物花鳥作為神輿裝置的主要題材。

瑞饋神輿上綁紮出梅鉢紋樣。

以里芋莖部做成的神輿屋頂。

以茄子、辣椒與稻草加工品製作而
成的瓔珞。

保有其傳統的瑞饋神輿可說是瑞饋祭這場祭典的核心要素，也是至今京都罕見的祭典供品作法，以芋莖蔬果妝點成神輿的型式，目前除了北野天滿宮的瑞饋祭之外，僅見鄰近的京都府京田邊市的棚倉神社及滋賀縣野洲市的御上神社祭典有類似的傳承。對於千年繁華的古都而言，瑞饋神輿的傳承延續體現了農村社會祭神獻供的原型。過去以蔬果、穀物、花草獻神祭祀的做法，到了十六世紀初，信徒開始以蔬果為材，製作成動物、人物造型並加以抬行，構成了瑞饋神輿的原型。這種將供品打造成為神輿造型的風氣，在江戶時期極盛期達八座之多，運用有蔬菜、水果、稻穀、花草、海草、乾貨等三十餘種原料。

西之京的居民們，每年在春季種植所需蔬果花草材料，待入秋收成後開始進行神輿製作，在農村區域的西之京民眾自主傳承延續下，

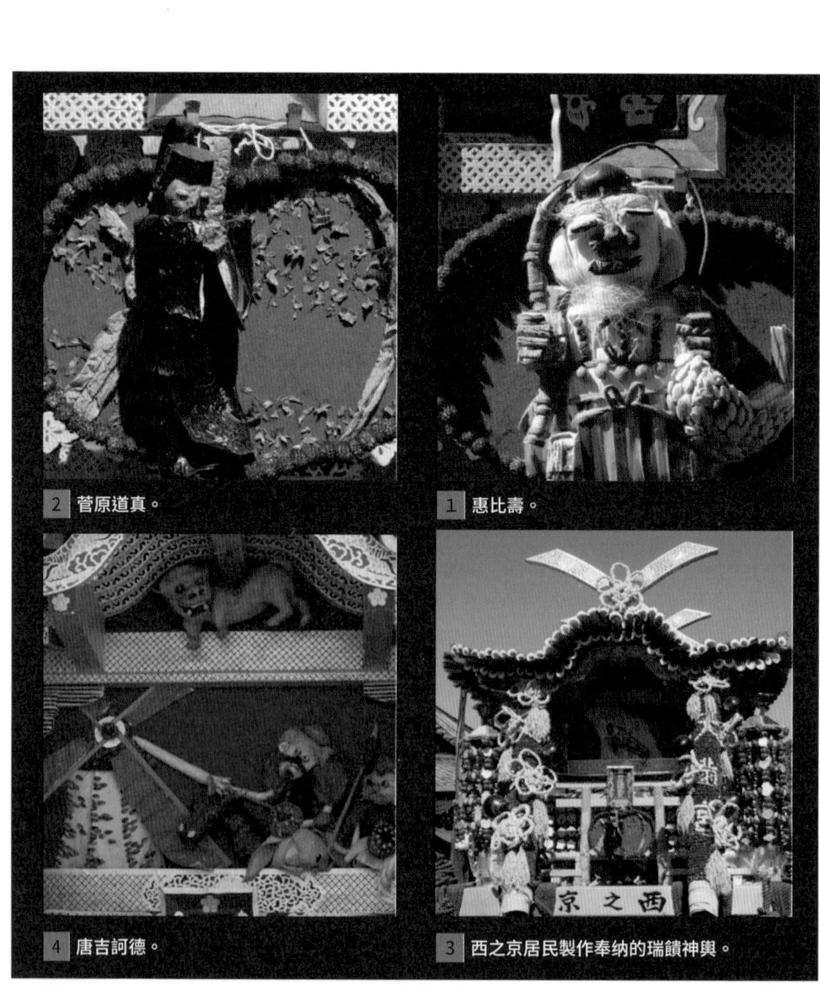

1 惠比壽。

2 菅原道真。

3 西之京居民製作奉納的瑞饋神輿。

4 唐吉訶德。

讓瑞饋神輿的製作傳統能夠代代延續，至今仍能保留原有的造型特色。目前由保存會形式每年延續製作的神輿有兩座，施作技術與風格仍維持數百年相傳的形式，神輿各部位可見鯉魚躍龍門、龜兔賽跑、一寸法師打鬼、金太郎與熊相撲、惠比壽、天神、狐狸等傳統題材，此外，時而可見皮卡丘、酷斯拉甚至海賊王裡的喬巴等流行動漫角色，傳承文化順應社會潮流自主衍生的變化，忠實反映於瑞饋神輿的造型題材之上。

西之京瑞饋神輿巡行。

瑞饋神輿

還幸祭的雅樂演奏樂人。

巡行古都花街的盛大隊伍

北野天滿宮「瑞饋祭」特有的瑞饋神輿傳統，添增了京都祭典文化的豐富性，而這場為五天的祭典活動，也是這座千年古社北野天滿宮年中最隆重盛大的神輿巡行。這場名為瑞饋祭的祭典，實際上包含了神幸祭、獻茶祭、甲御供奉饌、出御祭、還幸祭、后宴祭等數場重要的祭典儀式。

神幸祭舉行於十月一日，當日一早，將神靈從天滿宮社殿移入三頂鳳輦神輿，名為「出御祭」。午後時分，鳳輦神輿在獅子舞、太鼓、導山、松鉾、八乙女、稚兒等神幸隊伍前導下，從北野天滿宮行經氏子信徒區域，抵達位於西之京的御旅所駐蹕。

御旅所為北野天滿宮於神社境外的宗教設施，供奉有大己貴命、少彥名命、菅原大神，是瑞饋祭重

御羽車童子供奉。

出御祭之後準備出發還幸北野天滿宮。

要的祭典舞台。神幸祭進行同時，由西之京信徒打造大小各一的瑞饋神輿已安放於御旅所，待北野天滿宮鳳輦神輿抵達後，獻上這座由秋收蔬果穀物花草製作而成的大型供品。「著御祭」採神道的祭儀形式，先由神職奏上祝詞、玉串奉奠及獻饌祭祀，接著八位擔任八乙女的小女孩以田舞奉納，表達對今年農作豐收、風調雨順的謝意。

三座北野天滿宮的鳳輦神輿至還幸前，安放於御旅所接受西之京居民的參拜，停留期間，十月二日有由表千家宗匠進行獻茶祭，十月三日則由當地的祭祀團體西之京七保會進行「甲御供奉饌」祭典。瑞饋祭最大的重頭戲是十月四日的還幸祭，這項祭典是以重現菅原道真當年從大宰府來到京都北野的情景，組織龐大的巡行隊伍從御旅所返抵北野天滿宮。

瑞饋祭的八乙女一行。

「還幸祭」可說是一連五日的瑞饋祭期間，最盛大的祭典盛會，當日從御旅所出發沿途經過北野週邊街道，最後返回北野天滿宮的隊伍共分成兩支。其一是以西之京居民組成的瑞饋神輿巡行隊伍，至於第二支則以北野天滿宮相關成員構成的龐大隊伍，從御旅所出發時，其隊伍是由：獅子舞、太鼓、先驅神職、御榊、導山、梅鉾、松鉾、花傘、御鉾、御盾、錦蓋、管蓋等神道祭儀的民俗藝能及莊儀、祭祀隊伍用具，以及難得一見由神牛拖行的御羽車，還有三座鳳輦神輿、神職人員、樂人、氏子信徒構成的隊伍行列。

還幸巡行途中，由稚童身穿各時代傳統衣飾，扮演有八乙女、稚兒袴、童子、汗衫、水干等公家男女稚兒模樣的隊伍，也陸續加入還幸祭行列。隊伍最終穿越京都最老的花街上七軒，沿途可見藝妓、舞妓盛裝於古色古香的茶屋前，迎接

氏子代表沿路向居民致意。

還幸隊伍的到來，只見開路的朱、青二隻獅子輕咬舞妓的手，象徵去除邪氣招來好運。盛秋的京都在這場宛如平安時期貴族出巡的場面點綴下，讓華麗炫爛的王朝之美，短暫的超越時空再現古都。

▼還幸祭行列約午後一點從西之京御旅所出發、三座鳳輦神輿在龐大隊伍前導下巡行氏子區域，五點前後抵北野天滿宮進行還幸祭。隔天午後再舉行后宴祭，由八乙女舞奉納，為今年的瑞饋祭畫下句點。

瑞饋祭的半尻公家稚兒。

九章

南都奈良的春日若宮御祭

ONMATSURI

入夜之後的春日若宮御祭御旅所祭。

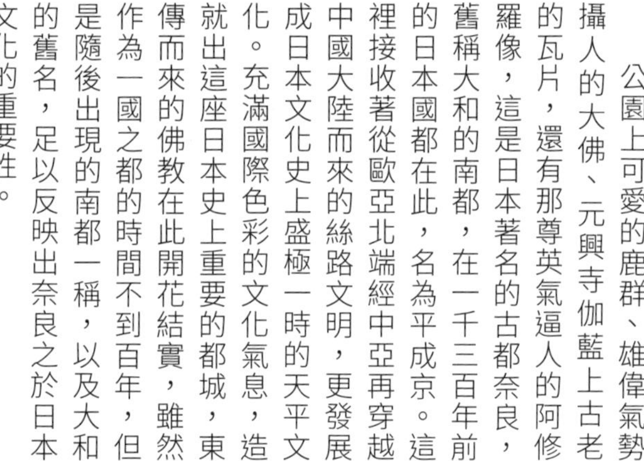

冬之祭典

大和奈良的佛教風景

公園上可愛的鹿群、雄偉氣勢攝人的大佛、元興寺伽藍上古老的瓦片，還有那尊英氣逼人的阿修羅像，這是日本著名的古都奈良，舊稱大和的南都，在一千三百年前的日本國都在此，名為平成京。這裡接收著從歐亞北端經中亞再穿越中國大陸而來的絲路文明，更發展成日本文化史上盛極一時的天平文化。充滿國際色彩的文化氣息，造就出這座日本史上重要的都城，東傳而來的佛教在此開花結實，雖然作為一國之都的時間不到百年，但是隨後出現的南都一稱，以及大和的舊名，足以反映出奈良之於日本文化的重要性。

在這裡，有建造於八世紀，高達十四．七公尺的日本第一國寶銅佛，不僅如此，這座容納大佛的金堂也是當今全球最大的傳統木造建築。歷史的悠久及傳世軌跡的明確，是奈良帶給旅人的第一印象，你可能很難想像，這座莊嚴宏偉的盧舍那佛像落成開眼的當年，大佛前匯集了來自天竺、中國、朝鮮及西域等各國僧俗四眾達萬之多，莊嚴神聖的宗教儀式之下，地主日本的五節之舞、久米舞、踏歌，配合唐古樂、唐散樂、高麗樂、唐中樂、唐女舞等充滿國際色彩的舞樂匯演，將絲綢之路終點奈良具有的文化特徵表露得淋漓盡致。

東大寺大佛殿廣目天像

有奈良大佛之稱的東大寺盧舍那佛像。

◀

位於奈良公園旁的東大寺又名金光明四天王護國之寺，是華嚴宗的大本山，本尊盧舍那佛像可謂日本最有名的佛像。高達十四．七公尺，蓮花座保留八世紀中葉的天平時代造型風格，讓奈良大佛成為國寶受日本文化財保護法所保存維護。

展演傳統藝能之祭

今日的奈良，除了有神鹿、大佛、古寺、大社，有古樸滿溢的街道，路旁還可見庶民信仰寄託的石佛。每逢入冬歲末之時，一場傳承近九百年的祭典，年復一年將揉合漢風、佛教元素的天平風華忠實再現，這是享有日本藝能寶庫之稱的「春日若宮御祭」（春日若宮おん祭）。只要你走進這場祭典裡，絕對會被那嚴肅、古樸，卻又不失華麗的畫面所撼動。這場祭典最令人所稱道的是，日本數千年來從古代到近代的藝能發展各階段，相當關鍵的如猿樂、雅樂、神樂、田樂、舞樂等類型的傳統表演藝術精髓，幾乎都濃縮在這一場祭典之中。也因此，春日若宮御祭被民俗學者、藝能研究者視為日本傳統藝能之母。

這場祭典的主人公是春日大社的攝社（本社境內其他的小神社）若宮神社，或稱若宮社，若宮神為

舊官幣大社春日大社為春日信仰的總本社。

春日大社第三殿天兒屋根命與第四殿比賣神的御子神。若宮信仰出現的時間，略晚於平城京遷都之際、由藤原氏勸請所創設的春日大社主祀神。春日大社的若宮信仰被視為司掌降雨、落雷之神，據說在平安晚期某次因終日降雨不停時，正好舉行春日若宮御祭，說來不知是巧合或靈驗，祭典一舉行大雨即停，因而造就春日若宮御祭這場祭典的開端。也由於神佛習合的歷史背景，因此過去祭典並非由春日大社所主辦，而是由藤原氏的氏寺興福寺來舉行，包含目前成為春日若宮御祭核心會場的御旅所空間，也曾隸屬於興福寺所有。

以鹿為神使之因，來自主祭神武甕槌命乘白鷺而來之說

春日大社──於一九九八年登錄成為世界遺產。

春日若宮御祭馬長兒的從者。

「春日若宮御祭」每年如期於十二月十五日至十八日登場，從十二世紀起源至今，已維持近九百年而未曾中斷。歷代以來，春日若宮御祭被視為大和國的祭典之最，可說是師走歲末，傾一國之力而不惜的盛大祭儀。

在四天的祭典期間，將有數十項規模不一的祭典儀式，一場又一場在奈良這塊大舞台上呈現，有高度神秘禁忌性的宗教儀式，也有人神同歡的傳統舞樂，還有男女老幼皆可盡情享受的庶民美食攤販野台，這些都是構成「春日若宮御祭」得以跨越歷史傳承至今所不可或缺的要素。

當然，就傳統文化保護的立場，豐富完整保留日本歷代傳統表演藝術精華的奉納藝能，是促使這場祭典身受眾人矚目的焦點，也因此，這項文化傳統在日本政府推動無形文化資產保護事業初期，便率先在西元一九五一年被地方政府奈

春日若宮御祭宛如一部日本藝能史活教材。

以松枝葉搭建而成的若宮神行宮。

良縣指定為無形文化財。接著在西元一九七九年，以「春日若宮御祭的神事藝能」之名，被日本政府指定為國重要無形民俗文化財。

除此之外，過去具官幣大社位階的春日大社，不僅神社本殿建築體及附屬設施分別具國寶、重要文化財的地位，大社所典藏的眾多刀劍甲冑及各種傳世文物數百件，也分別被指定為國寶、重要文化財，這還不包括大社後方的春日山原始林，也享有國指定特別天然紀念物的殊榮。擁有如此如此得天獨厚文化、藝術、自然價值的春日大社，在西元一九九八年，以「古都奈良的文化財」之一的身分入選為「世界遺產」。

御祭主要祭典神事

「大宿所詣」為十五日當日首先登場的祭典，實際上就過去來說，春日若宮御祭的期程，還需包含了七月一日的「流鏑馬定」、十月一日「繩棟祭」，十一月中旬的御假殿造營，以及十一月下旬底的授階及賜予裝束給馬長兒的相關儀式準備。十二月十五日起可視為「春日若宮御祭」的核心祭典，該日午後，擔任春日若宮御祭重要任務的願主役、御師役、馬場役等大和士來到設置在市街上的大宿所，這裡將作為祭典前精進潔齋的參籠所，在此進行御湯立儀式，並奉納社傳神樂來祈求祭典一切順利。

十六日午後，首先由祭典核心執行者大和士及田樂座來到若宮神社獻御幣參拜，接著被視為深夜遷幸之儀前哨的「宵宮祭」，接續於若宮社社殿內進行。神職開啟內陣門扉獻上神饌，接著祈求本次祭典順利圓滿，最後以社傳神樂進行奉納。在以敬神獻饌至拜禮奉納等神道儀式完成宵宮祭後，若宮本殿以圍繞起御幌白幕，準備迎接深夜「遷幸之儀」的到來。

十七日凌晨十二點起，若宮神在眾多神職及信徒組織而成的遷幸隊伍迎請下，緩緩於黑夜中從若宮社出發，沿著社內細石步道，一步一步往春日若宮御祭御旅所前進。這座將成為若宮神祭典當日暫駐的臨時行宮御旅所，包含有一座由原木、松枝綠葉搭蓋的社殿，前方兩側可見火焰太鼓，其餘部分保留

若宮神行宮的御旅所祭。

自然泥土草皮，將作為祭典奉納藝能表演的舞台，這樣的空間設施營造，充滿顯示這場祭典保留初期神道祭場的風貌。

若宮神社的宵宮祭。

黑夜中神秘的遷幸之儀

十二月底寒冷子夜下的奈良，「遷幸之儀」在萬籟俱寂就連鹿群也屏息的黑夜中，這場儀式悠悠地展開，帶給人神秘而不可測的感覺。特別是當若宮神遷幸隊伍出社往御旅所這段過程，不論任何的理由，全部的參與者皆不可使用人工燈光、拍照攝影甚至是小聲地交頭接耳，遷幸之儀的場面更顯得莊嚴神聖。

此時，參與者多冒著低溫站在遷幸路線旁守候，佇立於伸手不見五指的冬夜中，人對外在的感受總變得更加敏銳而清澈，這時候，甚至連一根針落地都清晰可知。在無邊黑夜壟罩下的森林裡，高掛天空的明月成為唯一的指引，那種身處無盡長夜下的守候，讓人的情緒也開始焦躁不安。突然一陣悠揚的慶雲樂聲緩緩傳來，不久一股燃燒茅草的味道也飄來了，接著，那樂聲、茅草味逐漸逼近，也開始看到

遠方兩道火光不斷地迫近，聲音中挾雜著「喔喔喔喔喔，喔喔喔喔喔」這種單調、低沉喉音的神道警蹕聲，眼簾跳出了兩位持大松明火把的神職，茅草火輕輕劃過碎石路兩側，火光的亮度及沿路留下的火燼，帶給身處黑夜你我的身心一陣溫暖，這就是萬教各派善惡觀構成的原點。

▼
當若宮神從若宮神社遷幸至御旅所行宮之後，現場點起庭燎之火。曉祭是入宮神進駐後首場歡迎神靈到來的祭儀，神前擺上山珍海味的神饌佳餚，宮司奏上祝詞之聲，以及神樂奉納的場景，開啟春日若宮御祭本年度的序章。

雙鳳二巴紋樣的鼉太鼓。

光明瞬間的出現，讓寒風黑夜下漫長等候的人們親身感受神靈降臨的氣息，隊伍中的神職快步前進，眾人持一塊遮住四周視線的御幌白幕，裡面被層層包裹下的或許就是若宮神的象徵，但是沒人有機會直視，即時不經意看到，也不能說出，這是神道終極祀神觀毫無妥協的展現。

這場充滿神祕氣息，彷彿重現神話時代景象的遷幸之儀，在滿天星空的寒夜下，遷幸隊伍緩緩抵達春日野的御旅所，若宮神象徵進駐於行宮社殿。此時，神前燃起庭燎之光，照亮了以草皮泥土地打造的方形舞台，兩旁更可見斗大高達七公尺的鼉太鼓，以鮮豔的色彩及細緻動感的雕紋呈現日月、龍鳳、陰陽及火焰的造型，呈現上古中國天圓地方、陰陽調和的宇宙觀。

當樂人敲擊鼉太鼓發出低沉雄壯的鼓聲，悠揚的雅樂聲也隨時響起，代表著「曉祭」即將開始，神職依序呈上山珍海味神饌供品於神前，再由舊禰宜大宮家進行「素合之御供」的傳統儀式，誠摯表達對若宮神帶來的歡迎。接著由宮司上奏祝詞、社傳神樂的演出，為明日即將登場的一連串宛如藝能繪卷般的「御渡式」、「南大門交名之儀」、「松之下式」、「競馬」、「御旅所祭」、「稚兒流鏑馬」等春日若宮御祭最受矚目的儀式祭典揭開序幕。

▼

春日若宮御祭的遷幸之儀，是至今公開性的祭典儀式中，少數仍維持高度神秘氣氛的儀式。全程禁止攝影及人為光線的干擾。還可見遷幸行列參與者穿著純潔白衣的樣貌，將中世以來人對神的畏敬之心延續至今。

宛如繪卷般的遊行行列

十七日正午，裝扮成平安時代至江戶時代期間各傳統藝能的隊伍，紛紛來到奈良公園及奈良縣府周邊集結，頓時間讓奈良今日的古都，彷彿回到幾百年前的大和國時期。這場「御渡式」不同於一般常見的將神靈從神社迎請到御旅所的作法，每年十二月中旬在奈良可看到的，將是眾人習舞學藝後，組成各種武藝、藝能隊伍前往御旅所參拜神靈的畫面，這是春日若宮御祭的一大特色。

只見男女老少穿著有色彩繽紛、樣式華麗，也有素樸雅致等多姿多采的服飾，扮演成樂人、日使、巫女、細男、猿樂、馬長兒、競馬、流鏑馬、將馬、野太刀他、大和士、大名行列、神樂、東遊、田樂等各種屬性的御渡行列。這些隊伍像是馬長兒、競馬、流鏑馬、將馬、野太刀他等，強調的是威武

御渡式流鏑馬小騎士。

御渡式的大和士行列。

御渡式的競馬勇士。

勇技的展現，至於猿樂、神樂、東遊、田樂等呈現古典藝能風雅唯美的一面。

各項隊伍不論尚武或崇美，都是千百年時代淬鍊下的產物，像是猿舞就是能樂發展初期重要的形式，至今仍保留了不少藝能朝向精緻化前的原型。這支極盡風雅散發歷代風俗文化的藝能隊伍從奈良縣府前出發，沿著登大路往西前進，千餘人一行來到JR奈良車站前再沿三条通東返，途中，行經興福寺南大門遺跡，個別隊伍向這場祭典原主辦方的興福寺表示敬意，名為「南大門交名之儀」，隨即準備踏入春日大社第一鳥居。

御渡式的野太刀行列。

御渡式的大名行列。

六位身著淨衣的「細男」舞樂奉納。

「松之下式」是隊伍行經第一鳥居時，由陪從、細男、猿樂、田樂於鳥居旁的「影向之松」前進行表演的儀式。一方面，競馬、稚兒流鏑馬隊伍也會在第一鳥居內的馬出橋至御旅所之間，將各自武藝呈現出來。當御渡隊伍全數經過御旅所之後，這場由社傳神樂、東遊、細男、和舞、舞樂等古典藝能奉納演出構成，長達八小時的「御旅所祭」即將展開。

祭典在莊嚴隆重的氣氛中，首先由神職獻饌，再由宮司、日使先行奉御幣、奏祝詞，再由御渡隊伍、信徒代表進行參拜。接著從下午三點半起，各種藝能接續登上舞台進行展開神事藝能奉納。首先登場者是春日大社代代相傳的神樂，由六位著正裝的巫女持檜扇、神樂鈴，細膩優雅的舞姿，配合著樂聲節奏，舞出：神在、鶴之子、宮人、祝言等代表神樂舞碼，作為「御旅所祭」奉納首場的古典藝能，在春日若宮御祭之中具特別地位，也因此，在場面、衣飾等呈現上也格外顯得尊貴。

接著由四位男童上演東國的風俗舞「東遊」，過去為祈求五穀豐收的「田樂」相繼登場。當太陽西斜之際，六位穿著素白衣著且蒙臉的舞人踏上舞台，樸素單純的肢體表現流露出一股神祕的氣息。入夜的御旅舞台上藝能奉納持續，神樂式以翁舞來祈求天下太平，接著登場的自古即傳承於春日大社祭典中的和舞，這種藝能原為大和地區一種古老的風俗舞，舞人頭戴卷櫻之冠，手持榊枝及檜扇。

「春日社傳神樂」奉納。

流鏑馬小騎士至若宮神前參拜。

祈求五穀豐穰的「田樂」藝能奉納。

這場亦有「神遊」之稱的「御旅所祭」，在眾多珍貴罕見的古老藝能接續登場奉納演出之下，最後由白鳳、奈良時期先後從古代朝鮮、中國大陸傳入的「舞樂」為壓軸。身著赤袍的舞人持鉾演出振鉾三節的舞碼，接著可見赤、綠衣裝的舞人跳起萬歲樂、延喜樂、賀殿、長保樂等劇目。到了祭典尾聲的前一刻，那位頭戴龍頭，身披華麗雲龍衣袍的蘭陵王登場，總是獲得全場滿滿的掌聲，最後接續上場的納曾利、貴德、落蹲等舞蹈奉納，令人感受到絲路終點奈良非凡的文化成就。

在子夜即將來臨之前，舞台上的舞樂藝能落幕停歇，宣告「還幸之儀」即將展開，同樣地在兩把大松明前導下，還幸隊伍沿著昨夜「遷幸之儀」路徑還幸，眾人在神聖莊嚴氣氛下帶著滿滿不捨的心情，寒夜時分的春日野，若宮神在神職簇擁護送之下返回春日若宮

祈求國土安穩、雅音成就的「振鉾節」舞樂奉納。

社，這場華麗動人的王朝藝能繪卷春日若宮御祭，在十八日的奉納相撲、後宴能樂盡頭下落幕。祭典每一幕帶給人絢麗奪目的感受，以及激起心中無盡澎湃的感動，為古都奈良寫下這一年最美的驚嘆號。

「振鉾節」抱著綠袍的右方舞人神前演舞。

四人登場的「賀殿」舞樂奉納。

還幸之儀行前的奉告儀式。

四季、時令與祭典文化

位處溫帶的日本列島，四季的變化相當鮮明，造就出日本人對大自然敏銳的感知，從中孕育出獨特的美感、情緒、信仰觀，進而隨著四季轉換、時間推移的節奏，舉行各種的祭典、歲時行事來生活度日。特別是傳統社會的生活規律立足於維持生計的農漁牧，以農耕為主要生業的日本等地，農稼活動與天體運行、季節推移息息相關。春耕播種開啟一年之始，接著插秧、除草施肥，確保稻作順利生產，秋季開始收割、最終進行打穀、收藏，完成一整年的農耕活動。在規律的生產環節中，春耕祈求豐收，待秧苗成長，舉行送蟲儀式。夏季特別在都會地區，不論男女老幼紛紛投入夏祭行列，爆發性格強烈的祭典不僅可除去疫病，並可透過祭典調節舒緩生活壓力。在入秋時節，常見豐收敬神謝恩的祭典，到了四季循環過一周的歲末，將以隆重的祭儀酬神來為明年耕作祈願。

櫻花是春季最重要的象徵。

入冬的高野山。

人們為滿足生活所需，參照天體運行規律制定曆法，建構出年、月、日等明確的時間觀。日本在明治六年（一八七三）改曆之前，是以中國制定的太陰太陽曆（陰曆、舊曆）為基礎，再根據日本的風土修訂曆法。舊曆不同於以太陽運行為基準，而是依據太陰的運行變化來編製曆法。改曆之後的日本，所有原本遵循舊曆的歲時節日，一夕間都改為新曆日期，導致新舊曆間出現將近一個月的時間錯離，促使不少傳統行事與季節之間產生不同調的景象。例如迎接新年所舉行的年俗活動時程，除了一般常見的新曆正月前後之外，亦可見部份地區保持著舊曆的慣例，以維持各節令固有之季節感，或出現十五日夜空非滿月這般錯亂的時間感。只不過這樣的政策施行至今已達百餘年，日本社會除了部分歲時行事及祭典日仍堅守傳統，以舊曆為活動時間以外，多數的祭典皆以新曆日程為

炙紅楓葉下少不了神恩感謝的秋祭。

豎立於山門旁的地藏與雪景。

主。

不論祭典舉行時間如何改變，獻上一樽神酒佳釀，供上時令的山珍海味，是任何一場祭典不可或缺的場面。特別是使用最珍貴的稻米釀造的神酒來獻神，象徵對神的崇敬，而飲酒的行為也被視為一種降神的方法。時令的概念可謂日本人季節感的展現，春的粉櫻飛舞、夏的蒼翠鮮綠、秋的炙紅楓葉、冬的銀白皓雪等各自展現的景致色彩，配合著四季不同的祭典屬性及文化表現，體現出遵循時令的日本文化特徵。也因此，各季節的祭典呈現各種不同的氛圍、性格、樣貌，如春祭嶄露出絢麗多彩的祭典表情、夏祭滿載著爆發激昂的祭典動力，入秋登場的祭典流露出對造物者的感激、而在入冬休養生息下，冬祭充滿對萬物重生的盼望。如此祭典的特徵符合當季的個性，「旬」的文化正是日本祭典得以生命力滿載之因。

十章

HAKATAYAMAKASA

福岡博多的祇園山笠祭及周邊的山笠祭典

一馬當先的一番山笠士居流流舁。

博多人的熱血傳承

九州男兒，在日本宛如男子漢的代名詞，勇敢、威嚴、男子氣概滿點的九州男兒，一年一度最大的伸展台莫過於是夏天的祭典。談到九州的祭典，那場數千名身身著丁字褲的猛男，賣力奔跑於現代化城市福岡博多街道上的祇園山笠祭典，絕對令你印象深刻。那股雄壯威武的氣勢，搭配絢麗奪目的山笠，完如一場夏日的九州奇幻饗宴。

福岡位於九州北部，由於地利位置鄰近中國大陸、朝鮮半島，自古以來便是日本重要的對外交易樞紐，一方面也成為了外敵入侵的前線，這些因素造就今日這座富庶兼具異國風情的福岡。

關於博多祇園山笠祭典的由來，存在幾種不同之說，相傳這座城市在十三世紀，因一場突如其來的瘟疫，造成眾多居民的傷亡，當時承天寺開祖聖一國師端坐於施餓鬼惡棚，由居民抬行至各地灑淨以驅除疾病，進而造就出今日所見的博多祇園山笠祭典。

另一說認為櫛田神社在西元九四一年（天慶四）從京都祇園迎請來祇園大神（素盞嗚尊），此舉間接將京都祇園傳承的御靈會祭典傳統，也就是京都祇園祭的前身移植到博多。前者形塑出博多祇園山笠祭典的性格，同時在那神佛混淆的年代裡，具備去災除穢的祇園信仰也衍生出山車、山笠的祭典

東流山笠疾奔而行。

櫛田神社社頭一景。

各町眾山笠成員精神抖擻前來集結。

世代傳承下的在地文化傳統。

造型，造就出這場堪稱九州地區最盛大，同時也享有國指定重要無形民俗文化財（西元一九七九）殊榮，更在西元二〇一六年被列入「山・鉾・屋台行事」申遺提報一員之姿，獲聯合國教科文組織列為「無形文化遺產」。

川端中央街的哆啦A夢飾山笠。

博多祇園山笠祭的歷史流變

史上第一份關於博多祇園山笠祭典的文獻紀載，出現於聖一國師坐施餓鬼棚撒淨水之說將近兩百年後，西元一四三二年（永享四）的《九州軍紀》寫道：「六月十五日有博多津櫛田祇園社的祭典，在三社的御輿前往沖之濱巡幸之後，有十二雙像是山一般，上面陳設著人形的造型物被抬行而出」。後來，再出現大內義隆（一五〇七－一五五一年，日本戰國時期的大名）命令將這十二支博多祇園山笠中的六支山笠移往山口周防之說，到了西元一五八七年，由於太閤秀吉的檢地政策，將博多地區分割成七流（七個街町區域），此舉造就出今日以七流構成的祭典傳承組織雛形。這樣的祭典傳承在博多富庶繁華的社會條件孕育下，構成今日所見為期長達半個月的博多祇園山笠的樣貌。

智略軍師官兵衛飾山笠。

西流的牛若丸舁山笠。

博多祇園山笠一稱，顯示這場祭典是由福岡博多的祇園社所舉行的山笠祭典，山笠是日本祭典山車的類型之一，在人工打造的巨型裝置上，裝設人偶造型來妝點祭典氣氛，同時也具備山車做為神靈依附體的宗教意義。

動感疾奔的舁山笠與靜態華麗的飾山笠

今日在博多祇園山笠祭典中可見兩種型態的山笠傳統，其一稱為「舁山笠」，也就是抬行的山笠，另一種是「飾山笠」，即是裝飾取向的山笠。「舁山笠」高度約四．五公尺，下方由六支直木組成，上面可裝設一台座，設置各種不同人偶造型，祭典時將由二十多位的男子採前抬後推的方式急速移動，因此又被稱為動態的山笠。至於「飾山笠」則屬於靜態展示性格的山笠，高度可達十公尺以上，一般在祭典期間僅陳設於會所旁，不像「舁山笠」呈現劇烈動態的抬行。也因此，飾山笠總是可見當地博多人形工匠巧手所製作的各種人偶造型，從經典的歷史人物源義經、弁慶、真田十勇士到小叮噹、麵包超人、柯南等角色，都出現於博多祇園的飾山笠之上。

舁山笠

舁山笠的巡行模式，採行前段抬起曳行，後半則以推行方式讓未裝置車輪的舁山得以靈活在博多街道上奔跑抬行。

事實上在近代以前，博多祇園山笠祭典並未出現兩種不同型態的山笠，直到都市街道開始出現大量的電線桿，開始影響到山笠的抬行，因而發展出低高度，不會觸及電線桿的「舁山笠」。這樣的因素，構成今日祭典中可見氣勢豪邁的「舁山笠」，以及造型豪華絢爛的「飾山笠」並存景象。

飾山笠

博多祇園山笠祭的飾山笠傳統得以持續傳承而下，主要是有博多人形這項傳統工藝技術的支持。特別是飾山笠一座便運用十件以上的人形，也因此可見在地工藝技術對祭典延續具有的意義。

動靜皆宜的祭典盛事

這場動靜兼具，數百年來傳承發展於博多一帶的祇園山笠，早已成為福岡博多入夏時節的風物詩，每逢季節由春轉夏，博多居民們的心情也隨著氣溫逐漸加溫沸騰。這場為期半個月的祭典，共由「降注連」、「山笠入神、飾山笠公開」、「當番町的御汐井儀式」、「兒童山笠」、「全流的御汐井儀式」、「流舁」、「朝山」、「他流舁」、「追山演練」、「流舁」、「追山」等大小儀式構成，這還不包含飾山笠的會所展示，還有櫛田神社境內的各項神事祭儀。

這為期十五天的祭典，皆圍繞著山笠而展開，祭典區域位在福岡市博多區的核心地帶，具體而言，是以西元一五八七年（天正十五）由太閤秀吉為振興受戰火侵蝕所計畫整頓下劃分而出的，俗稱七流的區域一帶，可細分為東流、中洲流、西流、千代流、惠比須流、土居留、大黑流。這七流各自擁有一座舁山笠，七流境內即為祭典活動的主要區域。至於飾山笠共有十三座，除了七流境內以外，在博多車站前、天神商店街、福岡巨蛋等福岡市內著名景點也分設有飾山笠，讓博多祇園山笠祭典的氣氛擴散到整個城市的角落。

惠比須流的會所。

以手帕花色來區分不同的職務位階。

上川端通的飾山笠。

7月1日～7月9日 降注連、山笠入神、飾山笠公開、兒童山笠、御汐井儀式

七月一日清晨，各區域民眾打掃好環境後，開始豎起齋竹繫上紙垂，再請櫛田神社神職前來誦祝詞祈求祭典平安順利，這項儀式稱為「降注連」。接著為山笠入神開光，召請諸神降臨依附，讓山笠從世俗的造型物轉變成神聖的祭典裝置。當日下午，七流的輪值當番町民眾必須身著祭典特有的水法被、法被，從市區的石堂橋出發，來到海邊取潔淨的細砂，回程則前往筥崎宮、櫛田神社參拜。取回的細砂裝到木枡（酒器）內，懸掛於山笠或放置玄關，視為具潔淨力量的聖物。

在七月初日完成了潔淨、入神等事宜後，宣告這一年度的祭典即將開始，各流町會居民們，各自取

西流舁山笠後方的天狗人形。

出塵封於衣櫃一整年的祭典法被、道具，並開始進行山笠抬行等練習，有些地區還會以兒童山笠抬行為熱身，滿懷期待祭典最高潮的十五日「追山」到來。

七月九日午後，七流全體總動員，此時在福岡博多市街上，可見個個身穿水法被、法被衣飾的祭典成員，浩浩蕩蕩從各流區域來到石堂橋集結，接著在提燈引領，全員高喊博多山笠獨特的「オッショイ・オッショイ（Osshoi-Osshoi）」祭典口號下，精神抖擻跨步朝海邊前進，這場博多祇園山笠祭典成員齊聚共同進行的「全流御汐井儀式」，被視為祭典進入核心的前哨。

數千名身穿祭典法被的身影相當壯觀，不僅有青壯年威武的男子，也可見孩童及銀髮族的祭典勇士們，大家都穿著博多祇園山笠特有的水法被，祭典衣著呈現陽剛帥氣的美感充分嶄露。大家面向夕陽拍手敬拜，再於海岸旁取砂以潔淨身心，接著這支勇壯豪邁的隊伍依序再到筥崎宮、櫛田神社參拜，以結束這場重要神聖的儀式。

山笠抬行練習情形。

抬淨水的山笠成員。

小女生也可加入博多祇園山笠的陣容。

持各祭區木牌的山笠小勇士為先鋒。

7月10日~7月15日
朝山、他流舁、追山演練、流舁、追山

七月十日起，舁山笠正式從「山小屋」這座停放山笠的臨時設施登場，在祭典男子勇猛抬行下，開始勇闖直奔於福岡博多的大街小巷。舁山笠的重量約一噸，上方裝設一座人偶，隊伍前方是由身穿水法被的祭典男子組成的隊伍負責開道引導，這個隊伍最前頭是由幼童手持寫上各祭典區域地名的木牌，後方則有數百位祭典男子隨行。這天傍晚，各山笠分頭到街道上抬行演練，隔日一早，再度把舁山笠抬上街，時間從清早五點到六點，故稱為「朝山」。

從「朝山」到十五日「追山」為止，各流於祭典區內將依序舉行「他流舁」、「追山演練」、「流舁」等舁山笠抬行的相關演練。其中，時而可見資深成員帶領確認反

▲▶
祭典社群團體之下，以禮相待的原則充分表現於各環節。來自不同地區的成員相互尊重協助，在流的山笠運作組織下，扮演祭典中自己的角色任務。

上川端通的花咲爺可跑動的飾山。

覆演練各種山笠抬行技巧，或是新成員利用空擋進行技術研習及經驗傳承。從成員抬行換班的演練、山笠進櫛田神社的步伐調整、全員演唱祭典謠曲的彩排、山笠運行全程路線的確認等。博多祇園山笠最大的特色莫過於是那七座舁山笠，在數十位祭典猛男抬行中，全力狂奔疾走於市街的景象。

祭典高潮・追山

七座舁山笠上的人偶，每年由博多當地的人形師傅負責設計製作，主題以神話傳說的神祇鬼怪及歷史人物居多，譬如二〇一四年東流山笠上是以青龍白虎作為題材，土居流則是福神等主題。在每座舁山笠上，除了可見人物或動物造型，舁山笠還會插松枝，作為神靈降臨的依附象徵。

此外，每座山笠前方還可看到「第一番 東流」、「第二番 土居流」等標示牌，這是用來標示各流山笠名稱及該年度的抬行次序。博多祇園山笠祭典每年由七流輪流當番，擔任該年當番山笠的流，將是這年祭典「追山」的先鋒，並以「第一番」強調其排序。

當番與番號每年依序進位調整，採七年一輪的模式來運作。當番舁山笠於該年度祭典中具有特別的地位及其待遇，首先是在祭典最高潮的「追山」儀式中擔任開路先鋒，當清晨四點五十九分響起的太鼓聲一鳴，當番山笠即以迅雷不及掩耳之勢，從神社外的馬路上疾行進場。祭典會場位在櫛田神社旁，泥土空曠的場地中豎起一座旗竿，上方懸掛「清道」的旗幟。四周有一座舞台及整列的臨時看台，會場舞台及觀眾席上，密密密麻麻坐滿了人，會場內的泥土地上，更站滿了數以百計的各流祭典人，「追山」儀式的起跑點就在此。

「咚！咚！咚！」，太鼓聲打破了天剛破曉的寂靜，各流山笠在鼓聲節奏的指引下，依序進場急速繞行清道旗後，七流的山笠在千百名身著水法被、丁字褲祭典成員的前導、抬行、後隨等陣仗簇擁，配合著「オイサッオイサッオイサッ！（oisa~ oisa~ oisa~）」的呼喊聲，起步狂奔展開五公里的追山巡行。一時之間，數千名猛男如萬馬奔騰之姿，整個博多街道被祭典的熱力籠罩，此時當你任意駐足於博多街道一角，即可強烈感受這場祭典的氣魄，當一座座山笠隊伍接連從身旁疾行而過，絕對讓你震撼身心而終身難忘。

▲
追山的起點從櫛田神社旁的沙土會場出發，各山笠必須繞行會場中豎立的清道旗之後，山笠奮力沿著路線往社外的街頭直奔而走，氣勢震撼感十足。

惠比須流的我者博多總鎮守舁山笠。

追山路線從櫛田神社起跑，過程中透過不間斷換班更替的抬行模式，維持山笠行進的速度節奏。各流山笠於「追山」中各自使出全力衝刺，只不過這場活動屬於宗教儀式的「神事」而非競速比賽，雖然每年雖有公布各流山笠抬行全程所費時間，但這只是作為一種紀錄，並不以比賽排序為目的。所以，絕對不會出現今年某流榮獲冠軍的狀況。

作為該年度的當番山笠，除了擔當山笠進場的前鋒，當番山笠入會場後，還可在眾人簇擁的祭典會場中大聲吟唱博多節慶歌謠，這是當番山笠特有的榮耀。這一幕由現場數千名祭典勇士合唱祭典歌謠的畫面，讓人感受到祇園山笠獨特的魅力，山笠也隨著歌聲節奏擺盪搖晃，藉此取悅神靈並呈現其神威。每年七月十五日的博多清晨，就在雄壯震撼人心的祭典聲下展開，那股令人難以形容的滲透力及感動，

西流山笠的追山巡行。

應該就是讓博多人代代守護博多山笠，熱愛這場祭典的原點。

七月盛夏的博多，清晨帶點涼意，在勢如破如的七流山笠宛如坦克疾行般的氣勢奔騰下，帶給世人無比的震撼及元氣，第一番山笠在四點五十九分這時刻率先進入祭典會場，這段山笠移動稱為「櫛田入り」，一般所需時間在三十到五十秒左右。待第一番山笠完成祭典歌吟唱，隨即展開全程達五公里的追山路程，各流山笠平均在三十分鐘內完成。行進過程中，市街沿路居民紛紛早起，在自家前備好水桶或用水管朝山笠潑灑清水，此舉除了具有潔淨之意，對賣力抬著山笠的祭典成員而言，更有降溫及滑順山笠拖行順暢的功能。

這場令人熱血沸騰的祭典，在清晨六點櫛田神社能舞台上進行鎮魂之舞表演下，正式為這一年的祭典畫下休止符。七流的舁山笠在結束追山儀式後，各自回到會所的山笠小屋，將山笠上的人形、松枝等造型物件全數拆卸，這舉與京都祇園祭山鉾巡行後，山鉾立即拆解象徵將疾病去除的意義相同。此時，博多這個城市隨著太陽升起，逐漸甦醒展開全新的一天，而那場在天剛亮起的清晨時分舉行的博多祇園山笠祭典，早已隨著片刻的祭典結束而消失的無聲無息，一場充滿夢幻超現實的九州祭典祇園山笠，進入烙印在博多人的心中，為明年祭典的開始倒數。

▼

山笠男兒上半身穿著輕薄的水法被祭典服，其花色在各町之下，分別設計出自我的紋樣變化，雖然皆為藍底白圖文，各町同異的法被成為各自地域認同歸屬感生成重要的標誌。

九州地區的山笠祭典

在九州，山笠成為了祭典的代名詞，山笠之於九州人的重要性，不只充分體現令博多人狂熱不已的祇園山笠，在九州北部各地，可見造型多樣、祭典風格不一的山笠，像是北九州市一帶所傳承的戸畑祇園大山笠、黒崎祇園山笠，還有福岡縣內的飯塚祇園山笠、直方山笠、津屋崎祇園山笠，以及佐賀縣、大分縣的浜崎祇園山笠、日田祇園等祭典，呈現山笠祭典豐富多樣的文化面貌。

各地伴隨著當地特有的文化、風土、歷史、人情，造就出造型樣式百變的山笠祭典。一般依照山笠的造型風格，可分成：人偶人笠、幟山笠、提燈山笠、岩山笠、笹山笠等樣式，多數的山笠祭典大致單一樣式出現。譬如博多山笠為典型的人偶山笠，浜崎祇園山笠為岩山笠形式，而位於北九州市戸畑的戸畑祇園大山笠祭典，歷史源起僅有兩百餘年，綜觀周邊動輒四五百年

的山笠祭典而言，算是發展較晚的山笠。只不過這場山笠祭典最大的特色在於日採幟山笠、夜高掛提燈的山笠變換，大山笠絢爛奪目的造型展現，以及龐大規模體現當地居民對大山笠祭典的投入，讓這項祭典於西元一九八〇年，以「戸畑祇園大山笠行事」一稱，成為國指定重要無形民俗文化財，同時在西元二〇一六年與博多祇園山笠祭典一同入選無形文化遺產。

販售盈餘支援民俗文化財傳承事務的販賣機。

大山笠巡行前的神式祭儀。

戸畑祇園大山笠 白天與黑夜的不同面貌

這項祭典的源起與江戶後期一場突如其來的流行病有關，只不過這場祭典的舉行不同於博多祇園山笠的疾病驅除，而是戸畑居民為酬謝神恩的一種奉納形式的祭典。根據《筑前國續風土記》紀載，西元一八〇二年（享和三）猛烈的流行病蔓延戸畑地區，人們前往飛幡八幡宮向須佐之男命祈求獲神助，居民便在隔年起打造慶祝息災的大山笠以酬謝神恩。

這場祭典最引人矚目的是東大山笠、西大山笠、中原大山笠、天籟寺大山笠這四台大山笠，以及由當地中學生抬行的小若山笠各一。這項祭典傳統以源起的飛幡八幡宮為核心，四台大山笠分別由飛幡八幡宮（東）、恵美須神社（西）、中原八幡宮（中原）、菅原神社（天籟寺）四座神社及該區域的民眾世代傳承延續。

祭典的舉行時間，雖然對外宣稱是七月第四個周末前後共計三天，但是四區大山笠各自的運作時間不同，基本上從七月前即著手祭典各項準備工作。譬如東大山笠在六月一日舉行太鼓初打儀式起，開始進行當地特有的祭典音樂戸畑祇園囃子，接著六月二十五日會在神社旁設置名為「東大山笠宿」的臨時性祭典會所，請來神職為會所及參與者進行祈安儀式。七月一日，四個大山笠成員來到飛幡八幡宮本殿進行安全祈願祭，正式宣告戸畑祇園大山笠祭典正式開鑼，東大山笠、西大山笠、中原大山笠、天籟寺大山笠各自以宿為營運主體，進行大山笠、祇園囃子、祭典運作等各種準備及熱身活動。

戸畑祇園大山笠祭典的重頭戲為七月第四週的週五開始，一早各大山笠在宿前組裝山笠進行裝飾，大山笠正面裝置四朵白色稱為前花的裝飾，背面則掛上一塊圓形繡上奇珍圖案的布幕，兩邊勾欄上使用木雕裝飾，下方懸吊著繡工精美的布幕。大山笠內插上十二支色彩艷麗的旗幟，造型獨特風格強烈的幟山笠，在大山笠成員合力組裝下，一座光彩奪目的戸畑祇園大山笠完成。

認識自己的文化從參與周遭的祭典開始。

東大山笠會所一景。

四座大山笠的基本造型結構一致，唯有在裝飾圖樣上看得到各自的巧思特徵，特別是大山笠後方裝飾布幕，透過金襴銀絲繡出飛馬、猛虎、金鷲、布袋和尚等華麗的圖案，呈現各區大山笠不同的特色。相較於週日的大山笠各自巡行，週六為戸畑祇園大山笠最大的伸展台。週六午後起，四座大山笠各自前往所屬神社及區域內進行奉納巡行，大山笠在百位身著白色法被的祭典猛男下，應和著數位乘坐於大山笠內，由太鼓、鉦演奏出節奏輕快的戸畑祇園囃子之下，氣勢威武整齊劃一行走於街道上。

入夜後，四座大山笠來到飛幡八幡宮旁的大廣場集合，進行戸畑祇園大山笠競演會，四座分屬不同區域的大山笠匯聚一堂。此時最令人驚豔的莫過於是幟山笠變身為提燈山笠的華麗展演。只見各山大笠成員先俐落地取向幟山笠上的旗幟、布幕，接著取出三〇九個燈籠，一一點上燭火之後，裝上十二層燈籠之後，迅速敏捷將燈籠裝到大山笠上。燈籠一顆顆宛如螢火蟲般，朝天奔去、聚集、成形構成金字塔狀的燈籠山笠，每顆燈籠在燭光映照之下，這座提燈山笠展現出不同於白晝下的祭典美感。

正在人們陶醉於這份美感之際，祭典猛男們迅速就位抬起大山笠，戸畑祇園囃子熱鬧響起，穿插著「ヨイトサ、ヨイトサ(yoitosa、yoitosa)」祭典呼喊

兒童山笠的囃子奉納演出。

西大山笠的夜間幟山笠巡行。

聲，四座移動金字塔疾行而出，絢麗動人的大山笠、威武帥氣的祭典猛男英姿，交織而成的祭典畫面及營造而出的文化傳統風貌。跟隨於大山笠後方的小若山笠，雖然山笠尺寸略小於成年人抬行的大山笠，但是在祭典巡行表現上皆不比大山笠來得遜色。

這場延續二百餘年的祭典，精緻燦爛的大山笠造型及勇壯的抬行英姿，讓山笠祭典的傳承更加豐富美麗，大山笠前行、小若山笠緊追在後的畫面，已跟你我約定這場祭典的未來。

夜間登場的提燈大山笠。

十一章

青森的睡魔燈及台灣遠征

AOMORINEBUTA

竹浪比呂央「大間的天妃神　千里眼與哪吒」。（阿南透提供）

北國青森盛夏祭典

東北夏夜的街道上，那氣勢磅礴的巨型燈籠山車，在撼動人心的太鼓樂聲及喧鬧不失協調的「ラッセラー、ラッセラー、ラッセラッセラッセラー（RaSeRa、RaSeRa、RaSeRaSeRa）」祭典呼喊聲下緩緩前進，這是青森縣第一大城青森市，每逢八月二日至七日期間熱烈登場的祭典畫面。每年一到八月，這座素有蘋果之鄉的青森，總湧入滿滿的觀光人潮，人們來到青森的目的，不是想要現採新鮮的蘋果，也不是到日本最早獲選為自然遺產的「白神山地」來避暑休憩，而是為了那些分布於青森縣境內，特別是那燈籠造型震撼力十足，場面最盛大的「青森睡魔祭」。

這場祭典為期六天，共可吸引了將近三百萬的參與人數，青森睡魔祭不僅是青森縣內規模最大的祭典，東北地區最超人氣的大祭，放眼擁有三十萬祭典的日本列島，青森夏夜的睡魔祭造就出全日本單

竹浪比呂央「箭根森八幡」。（阿南透提供）

一祭典參與人數之最。一方面，就東北各縣的祭典參與規模來看，青森縣也是一枝獨秀，青森睡魔祭再加上弘前睡魔祭、五所川原立睡魔祭等青森縣境內的主要祭典，高達六五一萬人次的參與情形，大幅超越以兩百一十七萬居次的宮城縣。

青森睡魔祭跳人隊伍。（公社青森觀光コンベンション協會提供）

睡魔祭的起源與傳承

傳承於日本本州最北端青森一帶的祭典，為何有這樣大的魅力，每年總吸引廣大遠道而來的旅客，前進東北之北的青森。究竟以青森睡魔祭為首的一系列「睡魔」祭典，暗藏什麼樣的神力，在此之前，相信大家更好奇的是，為什麼叫做「睡魔祭」？

黑石睡魔祭的扇形睡魔燈。
（阿南透提供）

事實上，「睡魔祭」一詞，在日本當地是不存在的，這些祭典的屬性，出自當地民眾為讓秋收的農作採收能夠順利，避免一年一度的收成被睡魔這股影響人勞動工作的邪魔所影響。因此，每年入夏期間，製作紙人偶、燈籠加以繞境巡行，藉此匯聚睡魔後，直接放流河川將睡魔驅趕出境。

青森市的民眾將這種運來送睡魔的造型裝置稱「ねぶた」（Nebuta），不過在弘前地區將它稱為「ねぷた」（Neputa），至於五所川原地區則叫做「立佞武多」（Goshogawaratachineputa）。不同用詞的差異，源自傳承過程中各地方言口語所致，其中又以「ねぶた」用詞出現最早，ねぶた從字義考證可知出自睡眠，也因此國內習慣將ねぶた、ねぷた意譯為睡魔燈（祭），本章行文指稱也沿襲這樣的稱法。

▲

弘前睡魔祭是青森睡魔祭之外，另一項重要的睡魔祭典，從八月一日起，長達一周的祭典期間總數高達八十台的睡魔燈，堪稱青森縣內之最。繪有源平盛衰記、津輕為信，以及三國志、水滸傳、漢楚軍談等題材的巨型扇睡魔燈為弘前的特色。（阿南透提供）

睡魔燈習俗的發展歷程

夏夜放流睡魔燈的習俗，在柳田國男《年中行事覺書》一書中有所討論，柳田指出「眠り流し」是民眾為了送走熱暑下影響人們勞動收成的睡魔所發展的傳承文化，在結合七夕送睡魔、送精靈及盂蘭盆燈籠等元素下，發展傳承為今日所見的睡魔祭。在睡魔祭、送睡魔用詞廣為人們熟知之前，這項習俗即被視為「七夕」的一環，譬如江戶中葉（享保五）《御國日記》出現陸奧弘前藩主津輕信壽觀賞送睡魔的紀錄。這段史事在往後的傳抄中都寫成看七夕祭，顯示送睡魔與七夕祭早被視為一體。

送睡魔的習俗到了大政奉還（慶應三）那一刻，政府還另發布關於睡魔燈・盂蘭盆會的訓令指出：一、不可吵架爭論，二、睡魔燈的模樣不可過大及過度裝飾加工，禁止一人搬運尺寸以上的睡魔

燈，三、不可徵求金錢來製作睡魔燈。由此可知，當時睡魔祭的做法已呈現集體巡行及燈籠巨大精緻化的情況。再進入明治時代，便出現高達二十公尺高的睡魔燈，此後隨著文明開化、舊習革新等施政方針，放睡魔的習俗不斷受到政令的干預，但是製造睡魔燈將睡魔送走的習俗，依舊在青森一帶盛行傳承。

▼
手持青龍偃月刀，一旁可見赤兔馬的形象，是你我再也熟悉不過的三國英雄關羽，睡魔燈師竹浪比呂央打造這座「關羽」，透過巨大的睡魔燈造型特徵及鮮豔耀眼的色彩將關雲長豪氣威武大將風範生動表現無遺。（阿南透提供）

多重起源傳說

從睡魔祭的傳承形式、文化意義及特徵，將送睡魔歸結為七夕歲時的一種型態之說，就當地流傳的祭典起源傳說也相當發達多樣。最常見的像是征夷大將軍坂上田村麻呂在征討蝦夷時，為了誘敵而打造大型燈籠，而後蝦夷人模仿這樣的作法舉行祭典。

另一說的主角為陸奧弘前藩初代藩主津輕為信，話說津輕為信在江戶初期（文祿二）在京都的時候，擇盂蘭盆會之際招募家臣發揮創意製作燈籠好讓京都人看看，家臣們絞盡腦汁設計製作的燈籠並未有特別突出的作品，反倒出現了一只體積龐大的燈籠。從此「津輕大燈籠」的名聲遠播，年年成為京都市街的焦點，但是後來因每年製作經費龐大而中止。

以上這幾則祭典起源之說，各自有合理性，當然也留下不少無法

深究之處。像是知名度最高，年年吸引將近三百多萬參與者前來一睹祭典風采的青森睡魔祭，目前所見關於該祭典的歷史記載出自江戶末葉（天保十三）年間的《柿崎日記》，這點似乎遠不及動輒可徵引數百年甚至千年以上史料文書的京都祇園祭、大阪天神祭或是福岡祇園山笠等祭典。

▲女睡魔燈師北村麻子之作「陰陽師　妖怪退治」，獲得商工會議會頭賞的這件睡魔燈，表現威武英勇的陰陽師與吃驚的妖怪詼諧表情巧妙整合。二〇一七年夏天，北村麻子這位年輕新銳女睡魔師以「紅葉狩」作品榮獲睡魔燈大賞。（阿南透提供）

因社群主導而活絡盛大

因為不論具龍頭地位的青森睡魔祭，還是弘前、五所川原、黑石等傳承於青森各地的睡魔祭典，主辦者都不是神社、佛寺，雖然睡魔祭的源頭出自於除穢禳災等宗教目的，卻不是由特定的宗教設施、團體來主導這場祭典，反而是由廣大社會大眾於歲時生活中自然而然傳承延續這項祭典活動。也因此，人們自主的舉行睡魔祭送睡魔，祭典的一切運作都是在社群自主溝通協調下所完成，這點可說是睡魔祭一大特色。

一座又一座表情生動震撼，以神怪、武將、歌舞伎人物為題，造型張力滿點、色彩鮮豔繽紛的巨型燈籠，有數百名甚至千名以上身穿兼具古風卻有一絲滑稽扮相的跳人集團（はねと，Haneto）帶領下，威武豪邁地行走於青森市的街道，燈籠後方則可見締太鼓、笛、鉦合奏出震撼人心的睡魔囃子樂曲。

這是每年八月二日起一連六天在青森市街道登場的畫面。這座人口不到三十萬，被睡魔祭研究權威、民俗學者阿南透稱為「祭禮城市」的青森市，每年在睡魔祭期間，將湧進這座城市人口十倍以上的人潮，讓平時寧靜的青森市頓時陷入一片興奮熱鬧的祭典氣氛。睡魔祭之於青森市的重要性，早凌駕於一切事物之上，不論是作為國指定無形民俗文化財青森睡魔祭的傳承地，或因睡魔祭造就的龐大參觀人潮，高達兩百三十八億日圓的經濟效益，活絡了這座城市的觀光產業，青森睡魔燈的魅力成為世人認識青森的重要標的。

睡魔囃子的篠笛演奏。（公社青森観光コンベンション協會提供）

竹浪比呂央「黑旋風李逵」睡魔燈與跳人隊伍。（阿南透提供）

伴隨睡魔燈巡行市街的睡魔囃子。（公社青森観光コンベンション協會提供）

青森睡魔祭的文化價值

這場具備文化、藝術、信仰及地方振興等多重價值的祭典，甚早及受到政府當局的重視，起初於西元一九六三年將青森睡魔祭指定為「青森市無形文化財」，並在七年後所舉行的萬國博覽會上，從青森遠征會場的大阪，成為東北青森重要的文化象徵。到了西元一九八〇年，榮獲國重要無形民俗文化財指定的殊榮，從縣市的文化財到國指定的重要民俗文化財的身分，行政機關結合保存團體等民間力量，針對祭典保存傳承投注各種保護傳承措施。

相當特別的是，除了文化財也就是國內慣用的文化資產角度的保護工作，青森市政府為保存傳承這項鎮市之寶的祭典傳統，在二〇〇一年還制定了〈青森睡魔燈保存傳承條例〉，期待以市民的力量來守護這場祭典的傳承延續。條文以：「『青森睡魔祭』是青森市民共有的珍貴資產，我們市民每人要有堅

▼

「大間的天妃神　千里眼與哪吒」背面的順風耳睡魔燈造型。（阿南透提供）

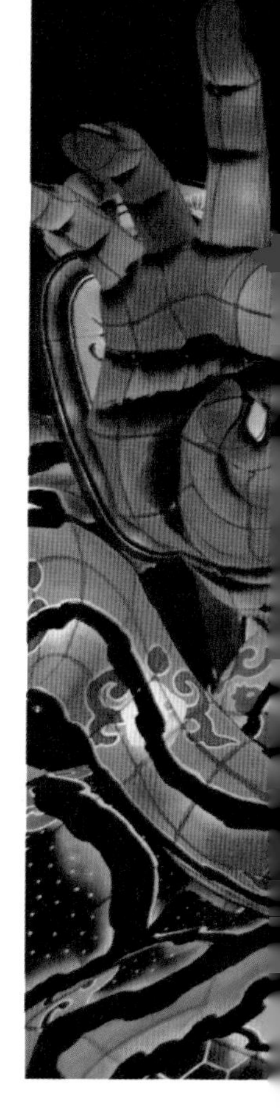

定的自覺與決心，對這祭典懷抱著深厚的情感及自豪感，市民全體團結一致，秉持著健全良好的態度，對這項文化資產迎向下個世代的保存傳承工作努力。」等行文，啟發青森市民對青森睡魔祭的價值及重要性的再認識，宣示市民一體共同守護傳統文化的決心。由於這樣的努力，讓每年祭典時間一到，來自海內外的旅人不惜遠道而來，體驗北國夏夜令人感官炫麗奪目的祭典盛會。

國指定重要無形民俗文化財「青森睡魔祭」。

睡魔燈

北村隆「聖人　聖德太子」（阿南透提供）

今日，每年八月二日起為期五天的這場祭典，從目前視為祭典源頭的西元一七二〇年（享保五）陸奥弘前藩主津輕信壽觀看送睡魔至今已將近三百年，睡魔祭的傳承延續於歷代皆面臨眾多的阻礙及變化，譬如在西元一八六二年（文久二）因麻疹流行而中止祭典，西元一九三七年至終戰期間，除了西元一九四四年曾一度為激勵愛國熱誠

而復辦青森睡魔祭之外，這場祭典幾乎全面中止停擺。

青森睡魔祭在西元一九四七年以戰災復興的使命重新恢復運作，五天的遶行期間、長條狀的立體燈樣式及青森睡魔祭（ねぶた）一稱的定調，也都是在戰後復興期間重新確立。二十餘台重達四噸，長九公尺、寬七公尺、高五公尺的大睡魔燈為這場祭典的主角，這些大睡魔燈在「青森睡魔祭運行團體協議會」統合下，每年透過抽籤決定遶境排序。

歷年在大睡魔燈之外，十餘台兒童睡魔燈也穿插其中共同遶境。事實上，青森睡魔祭在出現統合組織「青森睡魔祭運行團體協議會」及主辦單位青森觀光協會之前，睡魔燈的祭典原型是居民歲時習俗的一環，各區域於舊曆七月上旬自主製作睡魔燈，並於各自境內自由遶行。這種稱為區域睡魔燈的不及大睡魔燈的壯觀，卻保留下睡魔祭較為傳統的風貌。

一座巨型睡魔燈從構思，製作到完成上街巡行，大小環節及事務需動員眾多人力物力，經費的籌措更重要之務。鼓勵各大小企業支持在地文化傳承，同時對於睡魔燈及巡行也進行競賽授賞。所以可在睡魔燈看到企業團體的招牌，以及各獎項的入賞牌。

青森睡魔燈內部構造。（阿南透提供）

睡魔燈的製作

目前，青森睡魔祭是以大睡魔燈集體巡行為文化傳承的核心，這二十餘座的大睡魔燈不僅體積龐大，造價及製作所需時間、空間等條件也相當可觀。一座大睡魔燈的製作，從四月的主題設定到八月的出陣參與祭典，需要達四個月以上的時間籌備。

青森睡魔燈的主題是以人物、動物等立體人形燈籠為主，比扇形燈籠的弘前睡魔祭更具特色，明治時代為止的睡魔燈是採竹材編製骨架後貼和紙的製作方式，不過由於竹材屬性限制，導致造型無法自由變化。戰後隨著鐵絲等新興用材的普及，加速睡魔燈造型的多元及精緻化。一座睡魔燈的製作，是從題材構想開始，每年當祭典最終日結束後起，睡魔燈師傅便開始構思來年的製作主題，即使多數題材來自歷史人物，但是人物元素的考究仍不可少。

通常在四月由睡魔燈師傅及委託單位決定題材後，開始進入密集的燈籠製作流程，對一座又一座體積龐大，立體造型複雜的大睡魔燈而言，需要先從製作結構草稿的構思展開，只是在過去，睡魔燈師傅多數不另作草稿，而是可直接進行製作。近年來，睡魔燈師傅不僅會事先繪製設計草圖，並對於各造型細節進行精細的尺寸精算推演，這些都可見材料、技術、工序等環節順應時代需求產生的變化。

在題材及設計草稿完成之下，睡魔燈師傅開始從細部的臉、手、足及各種手持物的製作著手，這些人型燈籠細部尺寸隨著不同師承各有一定比例，接著在五月份伴隨著「ねぶたラッセランド（Nebuta rasserando）」之稱的睡魔燈製作基地搭蓋完成後，睡魔燈師傅紛紛將製作用料搬運到基地。這個製作基地是由政府提供，讓大睡魔燈從製作階段到祭典使用都能有安放的空間。

睡魔燈的製作宛如一棟完整建築物的營建工程，燈籠骨架由角材支持，當豎立正面支柱時會請神職人員來進行儀式，形式宛如建築工程的上棟式。待主骨架的角材及細部鐵絲的塑形完成，便開始進行電路配線的工作，這也是作為一種照明性造型製作需費心的部分。每座睡魔燈約裝設六百至八百顆不等的各式燈泡，從傳統的白熾燈到最先進的LED燈，透過不同光源色調的搭配，打造最具美感的燈籠。當配線工程告一段落，需再請神職人員前來舉行入魂式，象徵賦予這座燈籠神性並祈求製作過程一切平安。

完成入魂式後，製作工程進入糊貼紙張的環節，大睡魔燈雖然體積龐大透光面積廣，仍為了保有傳統及追求燈籠紙材透光的美感，因此採用日本和紙來黏貼燈籠，所需張數高達兩千五百張之多。這項工作技術性較低，因此不時可見居民婦女兒童前來參與，貼上和紙的睡魔燈乍看之下，宛如一座座典藏於博物館中的大理石雕像。

糊上和紙的睡魔燈粗胚模樣。（阿南透提供）

接著由睡魔燈師傅持畫筆在雪白的燈籠上勾勒出黑線條，這是相當關鍵的一道製作工序，透過師傅巧手畫下的人物五官、衣飾線條、身體曲線等要素，讓大睡魔燈的輪廓清楚浮現。最後進入到著色的工程，睡魔燈使用水性顏料及染劑來彩繪燈籠，順著睡魔燈師傅勾勒出的線條填色上彩，一座維妙維肖的大睡魔燈即將完成。

以水性顏料及染劑彩繪燈體。（阿南透提供）

璀璨繽紛的祭典現場

當歷經數個月製作的睡魔燈放到台車，宣告今年的祭典即將到來。那股滿懷期待迎接祭典到來的心情，充分表露在睡魔燈師傅臉上，出陣前再三對睡魔燈內燈光效果測試，睡魔燈造型流暢及彩繪色相微調等，從構思到完工耗費半年時間完成的大睡魔燈，只為了將近一週的祭典展現，這是青森睡魔祭呈現的夢幻瞬間美感的魅力所在。

八月一日為前夜祭，正式的青森睡魔祭仍以八月二日入夜的太鼓聲響為準，二十餘台點上燈火蓄勢待發的大睡魔燈依序排開，那造型生動、色彩鮮艷、霸氣無比的巨燈照亮夏夜，營造出奇幻絕美的祭典風景。當高空出現煙火綻放，象徵巡行正式展開，只見頭戴鮮豔髮飾斗笠，身穿浴衣並綁有鮮艷布條的

二〇〇五年睡魔燈大賞「小川原湖傳說道忠幻生」（竹浪比呂央製作，阿南透提供）

跳人們，笑容滿溢搖動團扇，配合著鈴鐺清亮的聲響，與高喊的「ラッセラー、ラッセラー（laasela~、laasela~）」，跳人們活力百倍輕盈的舞動著。

隨後在持扇人引領下，數十名壯漢推著龐然巨物般的大睡魔燈，勇壯華麗地伴隨著節奏強烈的太鼓聲、清澈高昂的笛聲、響亮的鈸金屬敲擊，時而行進，時而旋轉停頓，帶給親臨現場的人們一幕又一幕撼動情感的祭典感受。

盛裝下的跳人們手牽手圍成圓狀，應著宛如行進曲的睡魔囃子手舞足蹈著。（公社青森觀光コンベンション協會提供）

八月二日至六日的青森睡魔祭始於夜色降臨之際，最終日的睡魔燈巡行繞境則在午後，不同於夏夜中睡魔燈光影所展現立體層次的絢麗之美，明亮的午後街道中，宛如龐然大物般的睡魔燈造型及豐富強烈的色彩，展現青森睡魔祭另一面不同的風貌。也由於是本年度祭典的盡頭，所有的團體無不使出全力，讓祭典的熱力更加高昂，跳人們躍動的節奏、大睡魔燈威武的行進在不絕於耳囃子聲陪襯下，將祭典氣氛帶到激烈亢奮的最高潮。

青森一整年對祭典的期待及情緒熱度，在這瞬間爆發下所發散的感動，充分流露於跳人揮動的肢體，蔚為壯觀的大睡魔燈一座座如凱旋歸來的武士，威風凜凜的氣勢將睡魔燈極致的一面展現出來。入夜之後，該年度獲獎的大睡魔燈數台將展開海上夜行，只見數座大睡魔燈及締太鼓、笛、鉦構成的睡魔囃子隊員搭上拖船，幽暗的海面上

映照著睡魔燈獨特的色彩及造型輪廓，震天作響的節奏及悠揚的旋律，早與睡魔燈的擺盪融為一體，將青森港灣點綴地相當熱鬧動人。此時往天空一望，還可見滿天綻放的花火，正盡情地將瞬間的七彩火光打上天際，這是青森睡魔燈代表性的一幕，也是七夕送睡魔、送精靈這項祭典原型的動人再現。

青森睡魔記囃子方的海鳴。（阿南透提供）

北村蓮明「水滸傳洪信誤放魔王」。（阿南透提供）

青森睡魔祭落幕那一夜，對青森人而言充滿了惆悵不捨，雖然祭典的餘韻仍流盪於城市的各角落，但當隔日的太陽升起，除了獲獎的少數大睡魔燈能保存一年放到博物館來展示，其餘的睡魔燈將全部解體銷毀。不只是因體積過於龐大，難有適當的空間能夠保存這些大睡魔燈，這場源起於送睡魔的祭典，也透過睡魔燈的解體象徵送走邪氣。睡魔燈的拆解讓精美的造型還原到原點，青森市容也從歡愉的祭典情境回歸平淡。只不過祭典帶給人的感動及力量，早已駐足於身心，讓人溫暖一整年，期待下一次祭典的來到。

或許定時出現又瞬間消逝正是祭典魅力所在，青森睡魔祭渾然天成的文化內涵，成為了青森、東北甚至日本對外宣傳行銷的最佳代言人。西元一九五五年，青森睡魔燈首度前往北海道，一連參與日專連全國大會、函館港祭兩場

二〇一五年在美國加州登場的青森睡魔燈（阿南透提供）

活動，日後每年幾乎青森睡魔燈陸續遠赴東京、神奈川、名古屋、大阪、京都、伊勢、熊本等地的活動展示。

其中最具代表性的莫過於是西元一九七〇年由佐藤傳藏所作的「草薙の剣」，送往大阪所舉行的日本萬國博覽會的參展，除此之外，西元一九九六年為慶祝伊勢神宮內宮御鎮座兩千年紀念的千葉作龍「天の岩戸」，西元二〇一一年為撫慰日本東北大地震所舉行的六魂祭（二〇一七年更名為絆祭）中登場，由睡魔燈師外崎白鴻製作的「戦国武将正宗」，都是青森睡魔燈遠征國內各地的紀錄。

道地的睡魔祭氣氛，降臨台灣燈會現場。

青森睡魔燈遠征台灣

擁有高知名度且日本風格強烈的青森睡魔祭，除了頻繁遠赴日本各地扮演青森最佳招牌之外，從西元一九六三年起成為日本文化外交的重要利器之一，睡魔燈師佐藤傳藏「紅葉狩り」的睡魔燈搭配松竹歌劇團的夏威夷公演，跨越太平洋讓青森的睡魔燈來到美洲。西元一九八〇年十月，榮獲睡魔燈名人頭銜的鹿內一生「水滸傳」出現於台灣國慶會場，而在三十三年後，新竹縣政府舉辦的台灣燈會，北村蓮明「龍王」大睡魔燈再度來到台灣，引起廣大世人的矚目，成為當年台灣燈會最大的焦點。

北村蓮明的精心之作「龍王」睡魔燈。

這次青森睡魔燈的台灣遠征，不僅送來的是原尺寸的大睡魔燈，製作者北村蓮明也是著名的睡魔燈製作名家，「龍王」之作的正面是威武的龍王與巨龍，背面可見優雅纖細的持笠日本舞者及富士山。這座遠道而來的青森睡魔燈，為前往台灣燈會的廣大國人帶來不同的祭典體驗，除此之外，原汁原味的青森睡魔祭氣氛，在近百位伴隨睡魔燈來台的青森睡魔祭囃子團員演奏的樂曲，以及台日雙方一同投入的跳人行列中，彷彿讓那一年一度北國的睡魔大祭重現於台灣，讓國人感受令青森人熱血澎湃的青森睡魔祭無盡魅力。

氣勢磅礡的睡魔囃子也來到了台灣。

與龍王為剛柔對比的持笠舞者的巨燈造型。

日本祭典在台灣的景象

撞轎、飛虎將軍轎與東北獅子舞

近年來，不論在繁華的台北街頭或台灣各地慶典活動現場，來自日本的民俗藝能展演成為一種台日文化交流重要的模式，如二〇一三年新竹縣承辦的台灣燈會邀請的青森睡魔燈，專程訂做從青森海運來

轎頂裝載著零戰的飛虎將軍日式神轎。

台的龍王睡魔燈，加上千里迢迢來台引領睡魔燈在燈會現場巡行的青森睡魔太鼓、囃子祭典音樂成員，還有動感十足的跳人一行，彷彿將北國夏夜的睡魔燈盛事再現於台灣。作為日本文化象徵的祭典，事實上在日本社會從戰敗中復興的再起之路，那些傳承於各地的祭典活動如光明的火炬，對內，成為引領日本人重燃希望的指標。對外，更成為了日本文化的象徵，屢屢出訪遠征國外大型文化藝術慶典活動，譬如青森睡魔燈曾多次前往夏威夷、歐洲、中國、巴西等地演出，福岡祇園山笠也在西元一九八〇年遠征夏威夷，之後又訪布里斯本、紐約、上海等城市，將日本祭典文化展演於國際。戰後的台日關係，不論是曾擁有邦交關係期間，或是像是今日頻繁的民間交流氣氛，日本祭典都成為重要的文化交流焦點，特別是近年屢屢來台的日本民俗藝能展演，一次又一次將日本祭典的精華帶來台灣。

古川祭宮本組獅子舞在台中演出。

愛媛縣宇和島市的八鹿舞到訪台南。

秋田竿燈來到台灣地理中心埔里展現美技。

二〇一一年入冬的台北街頭，出現了兩支聲勢浩大的日本神輿隊伍，他們是來自於日本愛媛縣松山市的道後秋祭神輿。在城市交流及台北市溫泉季的邀請下，這項四百年以來持續傳承於四國地區，每年十月初，繞巡松山道後的街道，再藉由神輿間相互猛力的碰撞，將搖晃撞擊視為展現神威，以祈求五穀豐收、商業繁盛的祭典場面真實再現於台北。如此喧囂震撼人心的景象，即為該祭典廣為人知的「撞神轎儀式（神輿鉢合せ）」。當時來台的神輿組織為北小唐人町、持田町，一行近兩百位的神輿會成員及兩座造型素樸而流露出厚實感的神輿，將縱使在日本也難得一見的撞神轎儀式，在新北投街頭原汁原味呈現。只見兩座神輿搭配著「Mo-Te-Ko-I、Mo-Te-Ko-I…（もてこい、もてこい…）」的呼喊聲與太鼓的聲響，神輿在聲勢浩大的神輿成員簇擁抬行抬動下威風凜凜的馳騁於街頭，一瞬間，兩座神輿接近而纏鬥互撞，其氣勢之磅礴及祭典展現的熱力，吸引廣大的國人圍觀參與，共同感受來自於日本的傳統祭典文化之魅力。

岩手縣花卷市的鹿踊來到台南。

春日流八幡鹿踊於延平郡王祠進行奉納演舞。

相較於北台灣的盛況，近年來南台灣也頻繁可見日本民俗藝能及祭典文化的蹤跡。二〇一五年，隨著供奉戰前日本軍人的鎮安堂飛虎將軍廟的信仰活絡，信徒們打造一頂兼具日本風格的神轎，屢屢在台日信徒簇擁抬行下成為台南祭典中

愛媛縣松山市的道後秋季神輿遠征台北街頭。

的一項新亮點。二〇一六年，南瀛國際民俗藝術節熱烈登場，兩支分別來日本東北、四國的鹿舞在台南聚首，頭戴鹿頭面具、身著彩印長巾，胸前垂掛太鼓，綁腿穿著草鞋的裝扮，舞者擊鼓舞動歌唱，威武的鼓聲乘著充滿鄉土情懷的民謠曲調，這是日本東北最具特色的民俗藝能。

相較於來自東北花卷的春日流八幡鹿舞威武勇壯的英姿，四國宇和島的鹿舞展現一股纖細優美的小鹿情懷，一柔一剛的舞動演出，將日本祭典文化豐富的個性及演出型態介紹給國人。緣起於奉納功能的民俗藝能來到南台灣，正式演出的地點就不是只有藝術節會場，春日流八幡鹿舞一行來到舊開山神社的延平郡王祠，鹿舞奉納將百年前台灣各地神社祭典的風景再現再演，讓人宛如穿梭時空回來那一年的歷史現場。

祭神——泛指神社所供奉的神祇，主要的祭神稱為主祭神，其他配祀於神社內的祭神，稱為副祭神、配祀神、相殿神，神社以一主神搭配複數配祀神的祀神型態最普遍。

奉納——人們以物質、非物質性來向神佛表達謝意或祈願的一種行為做法，譬如京都伏見稻荷大社著名的千本鳥居，即出自於信徒奉納的鳥居所構成。

神事——指神社所舉行的各種祭典儀式，最常見的有神職的祝詞奏上、巫女的神樂奉納等神道祭儀，廣義而言，神事是人們對特定神靈進行的宗教行為。

神樂——神道信仰中為奉納神祇所演出的一種舞樂，出現於《古事記》、《日本書紀》書中，描述天鈿女命跳舞引天照大神出天岩戶之說，被視為日本神樂的源頭。

（御）神靈——日本神道所崇拜的神祇又稱為神靈，也就是神的靈魂、靈力，特別強調神具有的靈威，一般常被用來指神道的各種神祇之意。

渡御——祭典中乘坐神靈的神輿，透過信徒抬行或乘船前往御旅所的祭典形式，也可稱為神幸式、神幸祭。譬如大阪天神祭的水上渡御又稱為船渡御。

氏子──

崇敬某一特定神社，且居住於神社周邊具地緣關係的信徒社群，這些被稱為氏子的民眾，稱這座神社的祭神為氏神，是護持氏子神社不可或缺的力量。

御旅所──

指神社祭典中神輿渡御巡行的中繼站或終點站，又稱為行宮、御假屋，是一種臨時性的社殿會所，信徒抬神輿繞行氏子區域後來到御旅所進行祭祀。

護摩木──

護摩為密宗的一種特殊修法儀式，於寺院內設置護摩壇放置木片點火，並燃燒供品為信眾祈願行法，這些寫上祈願、供養的木片也就稱為護摩木。

依代──

神道祭典中作為神靈降臨依附的事物，最常見的有樹木、岩石等自然物，也有將御幣、御柱、旗幟、花草、人形及人體等事物作為神靈依代的情形。

參考書目

池田彌三郎《芸能》岩崎美術社　一九五五年
植木行宣《山・鉾・屋台の祭り》白水社　二〇〇一年
植木行宣、田井龍一編《都市の祭礼》岩田書店　二〇〇五年
植木行宣、福原敏男編《山・鉾・屋台行事》岩田書店　二〇一六年
植木行宣、樋口昭編《民俗文化と伝播と変容》岩田書店　二〇一七年
宇野正人監修《祭りと日本人》青春出版社　二〇〇二年
江戸川大學現代社會學科編《〔気づき〕の現代社会学2》梓出版社　二〇一五年
折口信夫《古代研究1　祭りの発生》中央公論新社　二〇〇二年
岡崎義惠《風流の思想》岩波書店　一九四八年
大石始《ニッポンのマツリズム》アルテスパブリッシング　二〇一六年
大阪天滿宮文化研究所編《天神祭　火と水の都市祭礼》思文閣出版　二〇〇一年
神田より子、俵木悟編《民俗小事典　神事と芸能》吉川弘文館　二〇一〇年
大石泰夫《祭りの年輪》ひつじ書房　二〇一六年
菅田正昭《日本の祭り》実業之日本社　二〇〇七年
おん祭り保存會《春日若宮おん祭》（財）春日若宮おん祭り保存會　二〇一六年
神戸市教育委員會《長田神社古式追儺式調査報告書》神戸市教育委員會　一九九四年
河合清子《ねぶた祭》角川書店　二〇一〇年
河合敦《祭りの日本史》洋泉社　二〇一六年
京都市文化財保護課編《写真でたどる祇園祭山鉾行事の近代》京都市文化財保護課　二〇一一年
京都市文化観光局文化課編《祇園祭　戦後のあゆみ》京都市文化観光局　一九六七年
（社）京都市観光協會、（財）祇園祭山鉾連合會《祇園祭》電通京都支社　二〇一六年

木下直之、福原敏男編《鬼がゆく　江戸の華神田祭》平凡社　二〇〇九年
久保田裕道《神楽の芸能民俗的研究》おうふう　一九九九年
倉林正次《祭りの構造》日本放送出版協會　一九七五年
北九州市教育委員会編《戸畑祇園大山笠行事》北九州市教育委員會　二〇〇四年
小松和彦《神なき時代の民俗学》せりか書店　二〇〇二年
小島美子、鈴木正崇、三隅治雄、宮家準、宮田登、和崎春日監修《祭・芸能・行事大辞典》朝倉書店　二〇〇九年
櫻井治男《日本人と神様》ポプラ新書　二〇一四年
佐原市教育委員会編《佐原山車祭調査報告書》佐原市教育委員會　二〇〇一年
神社本廳監修《日本の祭り》扶桑社　二〇一四年
鈴木正崇《神と仏の民俗》吉川弘文館　二〇〇一年
菅豐《「新しい野の学問」の時代へ》岩波書店　二〇一三年
高取正男《神道の成立》平凡社ライブラリー　一九七九年
田中義廣編《日本の祭り事典》淡交社　一九九一年
戸畑祇園大山笠振興會編《二百年の祭　戸畑祇園大山笠行事》戸畑祇園大山笠振興會　二〇〇四年
東京國立博物館編《特別展　春日大社　千年の至宝》東京國立博物館　二〇一七年
所功《京都の三大祭》角川書店　二〇一四年
長屋良行等《東海の山車とからくり》ゆいぽおと　二〇一七年
奈良國立博物館編《特別陳列 おん祭りと春日信仰の美術》奈良國立博物館　二〇一四年
中洲流50周年實行委員會《中洲流　五十年の軌跡》博多祇園山笠中洲流　一九九九年
西日本新聞社編《博多祇園山笠大全》西日本新聞社　二〇一三年
橋本裕之《儀礼と芸能の民俗誌》岩田書院　二〇一五年

參考書目

芳賀日出男《日本の祭り事典》汐文社　二〇〇八年
芳賀日出男《写真民俗学 東西の神々》KADOKAWA　二〇一七年
博多祇園山笠振興會編《博多山笠》博多祇園山笠振興会　二〇一五年
博多祇園山笠西流編纂委員會《博多祇園山笠西流五十周年史》博多祇園山笠西流　二〇一六年
文化廳文化財保護部監修《日本民俗文化財辞典》第一法規出版　一九七九年
福原敏男《祭礼文化史の研究》法政大學出版局　一九九五年
福原敏男、笹原亮二編《造り物の文化史》勉誠出版　二〇一四年
武藤康弘《映像で見る奈良まつり歳時記》ナカニシヤ出版　二〇一一年
星野紘、芳賀日出男監修《日本の祭り文化事典》東京書籍　二〇〇六年
星野紘等編著《民俗芸能探訪ガイドブック》圖書刊行會　二〇一三年
本田安次《図録　日本の民俗芸能》朝日新聞社　一九六〇年
本多健一《中近世京都の祭礼と空間構造》吉川弘文館　二〇一三年
松平齊光《祭　本質と諸相》朝日新聞社　一九四六年
牧田茂《神と祭りと日本人》講談社　一九七二年
松平誠《祭りのゆくえ　都市祝祭新論》中央公論新社　二〇〇八年
宮田登《民俗神道論》春秋社　一九九六年
宮田登、小松和彦監修《青森ねぶた誌　増補版》青森市　二〇一六年
宮本常一《都市の祭と民俗》未来社　一九八二年
宮本袈裟雄等編著《日本の民俗信仰》八千代出版　二〇〇九年
森田玲《日本の祭と神賑》創元社　二〇一五年
柳田國男《日本の祭》角川文庫　一九六七年

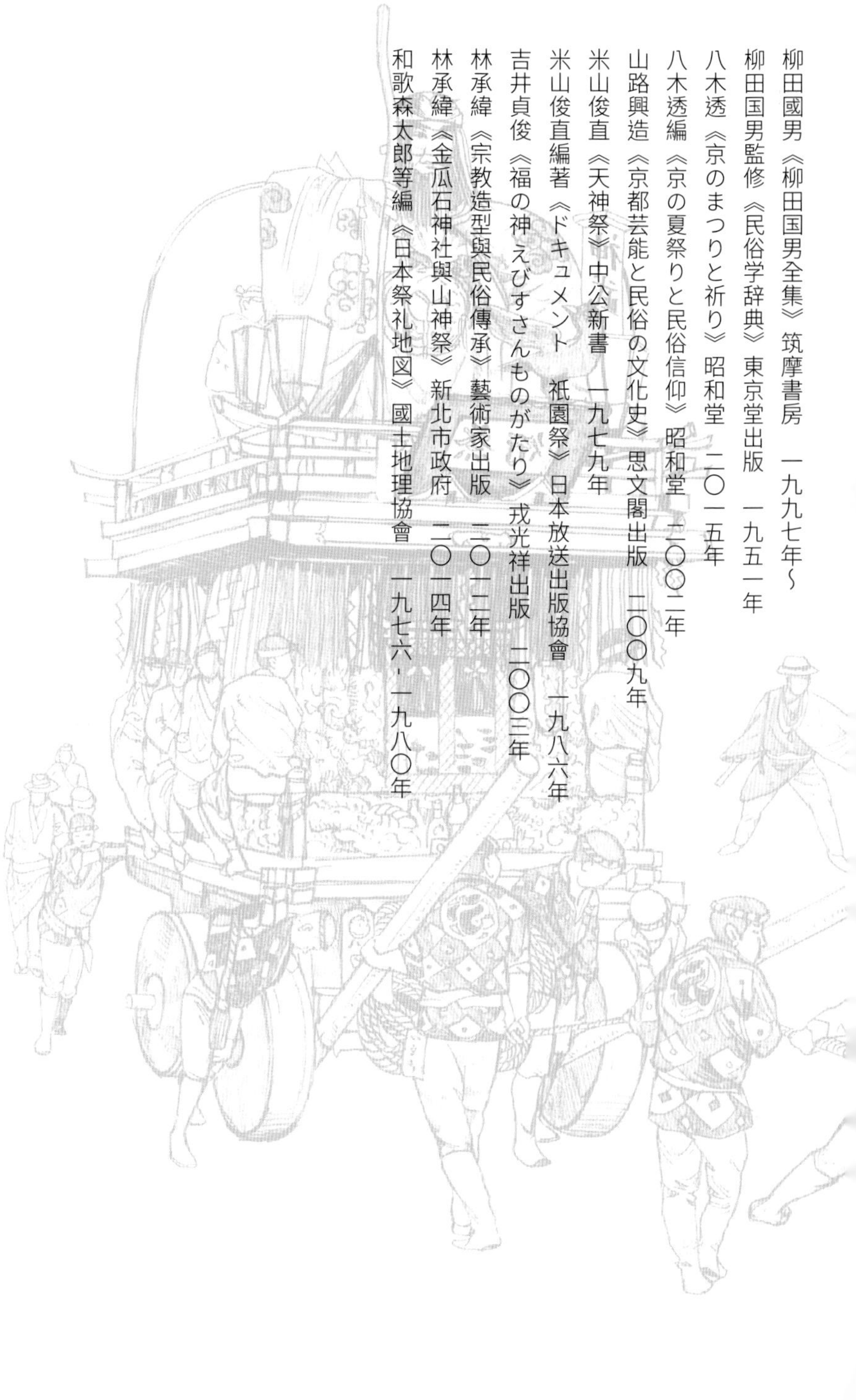

柳田國男《柳田国男全集》筑摩書房　一九九七年～
柳田国男監修《民俗学辞典》東京堂出版　一九五一年
八木透《京のまつりと祈り》昭和堂　二〇一五年
八木透編《京の夏祭りと民俗信仰》昭和堂　二〇〇二年
山路興造《京都芸能と民俗の文化史》思文閣出版　二〇〇九年
米山俊直《天神祭》中公新書　一九七九年
米山俊直編著《ドキュメント　祇園祭》日本放送出版協會　一九八六年
吉井貞俊《福の神えびすさんものがたり》戎光祥出版　二〇〇三年
林承緯《宗教造型與民俗傳承》藝術家出版　二〇一二年
林承緯《金瓜石神社與山神祭》新北市政府　二〇一四年
和歌森太郎等編《日本祭礼地図》國土地理協會　一九七六－一九八〇年

國家圖書館出版品預行編目 (CIP) 資料

信仰的開花 : 日本祭典導覽 / 林承緯作 . -- 初版 .
-- 新北市 : 遠足文化 , 2017.08
面 ; 公分
ISBN 978-986-95006-6-1(平裝)

1. 民俗 2. 祭禮 3. 日本

538.831 106011892

信仰的開花
日本祭典導覽

作者 林承緯
插畫 吳淑惠
總編輯 李進文
編輯 王凱林、徐昉驊、陳柔君、林蔚儒
行銷總監 陳雅雯
封面設計 霧室
內頁設計 汪熙陵
社長 郭重興
發行人兼
出版總監 曾大福
出版者 遠足文化事業股份有限公司
地址 231 新北市新店區民權路 108-2 號 9 樓
電話 (02)2218-1417
傳真 (02)2218-8057
電郵 service@bookrep.com.tw
郵撥帳號 19504465
客服專線 0800-221-029
部落格 http://777walkers.blogspot.com/
網址 http://www.bookrep.com.tw
法律顧問 華洋法律事務所 蘇文生律師
印製 呈靖彩藝有限公司
電話 (02)2265-1491

初版二刷 西元 2017 年 10 月
初版三刷 西元 2020 年 06 月
Printed in Taiwan